HEYNE

W0368278

HEYNE KOCHBÜCHER

DR. OETKER

PARTY REZEPTE

NUMMER DREI

GYROSSUPPE, PARTYFUTTER, SALATTORTE, SPAGHETTI-PIZZA, ERDBEER-TIRAMISU

WILHELM HEYNE VERLAG
MÜNCHEN

Die Party kann weiter gehen, denn endlich gibt es Partyrezepte Nummer drei. Hier kommen neue Rezepte, die wieder richtig Lust machen auf die nächste Party oder ein Zusammensein mit Freunden oder Familie.

Das ein oder andere Rezept kennen Sie vielleicht schon, haben es jetzt aber endlich in schriftlicher Form oder in einer noch unbekannten Variante.

Dieses Buch ist mit der Unterstützung vieler Verbraucherinnen und Verbraucher, die mit ihren Anregungen und Rezeptideen zu diesem Buch beigetragen haben, entstanden. Wir haben diese Rezepte für Sie zusammengestellt und nachgearbeitet, und so ist ein Buch entstanden für alle, die gerne Gäste bewirten und immer auf der Suche nach raffinierten, aber einfach zuzubereitenden Rezepten sind.

Die Rezepte sind, soweit nicht anders vermerkt, für 12 Portionen berechnet.

Kapitelübersicht

Häppchen & Snacks

Kleine Häppchen – große Wirkung. Für so ein kleines, leckeres Häppchen ist immer noch Platz, oder es ist der Beginn eines wunderbaren Mahles.

Lachsterrine

Zubereitungszeit: 35 Min., ohne Gelierzeit

Pro Portion:
E: 18 g, F: 23 g, Kh: 3 g, kJ: 1707, kcal: 409

- **1 Stange Porree (Lauch)**
- **1 kg TK-Lachsfilet**
- **3 EL Speiseöl**
- **375 ml (3/8 l) Schlagsahne**
- **Salz, Pfeffer**
- **12 Blatt weiße Gelatine**

Für die Dill-Senf-Sauce:

- **250 g Crème fraîche**
- **2 TL Senf**
- **2 EL gemischte, gehackte Kräuter, z.B. Dill, Petersilie**
- **125 ml (1/8 l) Schlagsahne**

1 Porree putzen, halbieren, gut waschen und in kochendes Salzwasser geben. Die Porreehälften so lange kochen lassen, bis sie noch etwas Biss haben. Dann in kaltem Wasser abschrecken.

2 Eine Kastenform (25 x 11 cm) quer mit den Porreestreifen auslegen.

3 Die gut angetauten Lachsfilets kalt abspülen, trockentupfen und in große Stücke schneiden. Öl erhitzen und die Lachsstücke in dem Öl andünsten. Mit Sahne ablöschen, salzen und pfeffern. Das Ganze etwa 5 Minuten bei mittlerer Hitze zugedeckt garen. Gelatine nach Packungsanleitung einweichen.

4 Lachssahne pürieren, ausgedrückte Gelatine in die noch heiße Fischmasse geben, gut verrühren, abschmecken.

5 Die Lachscreme in die Kastenform füllen und glatt streichen. Den überstehenden Porree darüber legen und etwas andrücken. Mindestens 6 Stunden kalt stellen.

6 Die Lachsterrine aus der Form lösen, mit einem elektrischen Messer in Scheiben schneiden.

7 Für die Dill-Senf-Sauce Crème fraîche mit Senf, Kräutern und Sahne verrühren, die Sauce mit Salz und Pfeffer abschmecken und zu der Terrine servieren.

GUT VORZUBEREITEN

Goudaröllchen auf Brottalern

etwa 60 Stück
Zubereitungszeit: 45 Min.

Pro Stück:
E: 3 g, F: 5 g, Kh: 4 g,
kJ: 316, kcal: 75

- **1 Pck. (150 g) Frischkäse mit Kräutern (z. B. Bresso)**
- **1 Pck. (200 g) Frischkäse**
- **2 Zwiebeln**
- **50 g roher Schinken**
- **80 g mittelalter Gouda**
- **2 gepellte hart gekochte Eier**
- **1 Bund Schnittlauch, in Röllchen geschnitten**
- **Salz, Pfeffer**
- **Currypulver**
- **6 gr. Scheiben junger Gouda (etwa 11x15 cm)**
- **80 g Butter**
- **etwa 60 Schwarzbrottaler (Ø 4 cm)**

1 Kräuterkäse und Frischkäse in eine Schüssel geben. Zwiebeln abziehen und fein würfeln. Schinken, Gouda und Eier fein würfeln und alles mit Schnittlauchröllchen zu der Käsemasse geben. Die Masse mit Salz, Pfeffer und Curry abschmecken.

2 Von den Goudascheiben die Rinde entfernen. Die Käsemasse auf die Goudascheiben streichen. Von der kürzeren Seite her fest aufrollen, in ein genügend großes Stück Alufolie fest einwickeln und kühl stellen.

3 Die Goudarollen in etwa 1 cm dicke Scheiben schneiden und auf die dünn mit Butter bestrichenen Schwarzbrottaler legen.

Tipp:
Die Goudarollen können 1–2 Tage vor dem Verzehr vorbereitet werden.

Käse-Biskuit-Schnitten

Zubereitungszeit: 40 Min., ohne Gelierzeit

Pro Portion:
E: 12 g, F: 16 g, Kh: 8 g,
kJ: 986, kcal: 236

Für den Biskuitteig:
- **4 Eier**
- **2 Eigelb**
- **1 Prise Zucker**
- **½ gestr. TL Salz**
- **frisch gemahl. Pfeffer**
- **4 EL Speiseöl**
- **75 g Weizenmehl**
- **1 gestr. TL Backpulver**
- **75 g fein geriebener Parmesan**

Für die Füllung:
- **6 Blatt weiße Gelatine**
- **250 g Crème fraîche mit frischen Kräutern**
- **400 g Hüttenkäse**
- **Salz**
- **frisch gemahl. Pfeffer**
- **Paprikapulver edelsüß**
- **4 Frühlingszwiebeln**
- **1 Bund Schnittlauch**

1 Für den Biskuitteig Eier, Eigelb, Zucker, Salz und Pfeffer 2 Minuten mit Handrührgerät mit Rührbesen schaumig rühren. Öl unterrühren.

2 Mehl mit Backpulver sieben, mit Parmesan mischen und in 2 Portionen auf mittlerer Stufe unter die Eiermasse rühren.

3 Die Masse auf ein mit Backpapier belegtes Backblech (30 x 40 cm) streichen, das Backblech in den Backofen schieben und sofort backen.

Ober-/Unterhitze:
180–200 °C (vorgeheizt)
Heißluft: –
Gas: Stufe 3–4 (vorgeheizt)
Backzeit: etwa 8 Min.

(Fortsetzung Seite 12)

4 Den Teig am Rand mit einem Messer lösen und sofort auf die Arbeitsfläche oder ein großes Stück Backpapier stürzen. Das mitgebackene Backpapier sofort abziehen und den Biskuitteig abkühlen lassen.

5 Für die Füllung Gelatine in kaltem Wasser nach Packungsanleitung einweichen und auflösen. Erst nur 1 Esslöffel Crème fraîche mit der aufgelösten Gelatine verrühren, dann den Rest und Hüttenkäse unterrühren. Die Masse mit Salz, Pfeffer und Paprika abschmecken.

6 Frühlingszwiebeln putzen, waschen, in feine, kleine Streifen schneiden. Schnittlauch verlesen, abspülen, trockentupfen und in Röllchen schneiden. Beide Zutaten unter die Masse heben.

7 Den Biskuitteig einmal von der längeren Seite her quer durchschneiden. Die Käsemasse auf die beiden Biskuitplatten streichen (an der langen Seite etwas frei lassen) und diese von der langen Seite fest aufrollen. Die Biskuitrollen fest in Alufolie einwickeln und für mindestens 4 Stunden kühl stellen.

8 Die Biskuitrollen mit einem scharfen Messer (oder Elektromesser) in Scheiben schneiden und auf Salatblättern anrichten.

Mariniertes Kräuterfleisch

Zubereitungszeit: 40 Min., ohne Marinierzeit

Pro Portion:
E: 24 g, F: 23 g, Kh: 0 g, kJ: 1367, kcal: 327

- **700 g Schweinefilet**
- **700 g Roastbeef**
- **Salz, Pfeffer**
- **6 EL Speiseöl**

Für die Marinade:

- **6 EL Rotweinessig**
- **3 TL Dijon-Senf**
- **4 TL rosa Pfefferbeeren**
- **3 EL gehackte Petersilie**
- **3 EL gehackter Dill**
- **3 EL gehackter Kerbel**
- **3 EL Schnittlauchröllchen**
- **8 EL Speiseöl**

1 Schweinefilet und Roastbeef kalt abspülen und trockentupfen. Das Filet evtl. enthäuten, das Roastbeef evtl. entfetten. Beide Fleischstücke salzen und pfeffern.

2 Öl in einem Bräter erhitzen, das Fleisch von allen Seiten darin anbraten, mit etwas Wasser ablöschen. Den Bräter auf dem Rost in den Backofen schieben.

Ober-/Unterhitze: 200–220 °C (vorgeheizt)
Heißluft: 180–200 °C (vorgeheizt)
Gas: Stufe 3–4 (vorgeheizt)
Bratzeit: Schweinefilet etwa 10 Min., Roastbeef etwa 25 Min.

3 Das Fleisch etwas abkühlen lassen, dann in ½ cm dicke Scheiben schneiden, mit dem Bratensatz in eine flache Schale geben, mit Salz und Pfeffer bestreuen.

4 Für die Marinade Essig mit Senf und Pfefferbeeren verrühren, mit Salz und Pfeffer würzen. Die Kräuter und das Öl unterrühren. Die Marinade über das Fleisch gießen, vorsichtig vermengen und mindestens 4 Stunden durchziehen lassen. Die Fleischscheiben ab und zu wenden.

5 Das Kräuterfleisch evtl. nochmals mit Salz, Pfeffer und Rotweinessig abschmecken, mit der Marinade auf einer Platte anrichten.

Gemüse-Mett-Brötchen

24 Stück
Zubereitungszeit: 85 Min., ohne Abkühlzeit

Pro Portion:
E: 21 g, F: 27 g, Kh: 26 g, kJ: 1848, kcal: 442

Für den Hefeteig:
- **375 g Weizenmehl**
- **1 Pck. Trockenhefe**
- **1 TL Zucker**
- **1 gestr. TL Salz**
- **2 Eier**
- **1 Becher (125 g) Crème fraîche mit frischen Kräutern (angewärmt)**
- **125 ml (⅛ l) warmes Wasser**
- **150 g geraspelte Möhren**

Für den Belag:
- **je 1 rote und grüne Paprikaschote**
- **600 g Thüringer Mett**
- **200 g fein gewürfelter Gouda**
- **150 g geraspelter Gouda**

1 Für den Hefeteig Mehl in eine Rührschüssel sieben, mit Trockenhefe sorgfältig vermischen. Die restlichen Zutaten hinzufügen.

2 Die Zutaten mit Handrührgerät mit Knethaken zunächst auf niedrigster, dann auf höchster Stufe in 5 Minuten zu einem Teig verarbeiten. Den Teig zugedeckt so lange an einem warmen Ort gehen lassen, bis er sich sichtbar vergrößert hat.

3 Den Teig leicht mit Mehl bestäuben, aus der Schüssel nehmen und auf der Arbeitsfläche kurz durchkneten. Den Teig in 12 gleich große Stücke teilen, diese zu länglichen Brötchen formen, auf ein mit Backpapier belegtes Backblech legen. Die Teigstücke mit Wasser bestreichen und nochmals gehen lassen.

4 Das Backblech in den Backofen schieben.

Ober-/Unterhitze: 180–200 °C (vorgeheizt)
Heißluft: 160–180 °C (nicht vorgeheizt)
Gas: Stufe 3–4 (vorgeheizt)
Backzeit: 20–30 Min.

5 Brötchen erkalten lassen und dann waagerecht durchschneiden.

6 Für den Belag Paprika putzen, waschen und in feine Würfel schneiden. Paprika- und Käsewürfel mit dem Mett vermengen, auf den Brötchenhälften verteilen, auf ein Backblech legen, mit Käseraspeln bestreuen und in den Backofen schieben.

Ober-/Unterhitze: etwa 200 °C (vorgeheizt)
Heißluft: etwa 180 °C (vorgeheizt)
Gas: Stufe 3–4 (vorgeheizt)
Überbackzeit: etwa 15 Min.

Abwandlung: Pizzabrötchen
Für den Belag je 250 g gekochten Schinken und Salami in Würfel schneiden. Zusammen mit 165 g Tomatenpaprika und 315 g Champignonscheiben (beides abgetropft aus dem Glas), 200 g geriebenem Käse, 250 g Miracel Whip und 200 ml Schlagsahne verrühren. Mit Oregano abschmecken 10–15 Minuten überbacken.

Tipp:
Wenn es schnell gehen soll, die Gemüse-Mett-Brötchen mit 12 gekauften Brötchen zubereiten.

Antipasti-Platte

Zubereitungszeit: 65 Min.

Pro Portion:
E: 34 g, F: 42 g, Kh: 13 g, kJ: 2567, kcal: 612

- **je 3 rote und gelbe Paprikaschoten**
- **300 g Champignons**
- **3 Auberginen**
- **3 Zucchini**
- **6 Knoblauchzehen**
- **18 EL Olivenöl**
- **Salz**
- **frisch gemahlener Pfeffer**
- **3 TL Kräuter der Provence**
- **250 ml (¼ l) Weißwein**
- **6 Tomaten**
- **4 Pck. (je 125 g) Mozzarella**
- **3 Bund Basilikum**
- **3 Galia-Melonen**
- **300 g Parmaschinken, in Scheiben geschnitten**
- **600 g Parmesan am Stück**

1 Paprika halbieren, entstielen, entkernen, die weißen Scheidewände entfernen, Schoten waschen und in Streifen schneiden. Champignons putzen, mit Küchenpapier abreiben, evtl. abspülen, in Scheiben schneiden.

2 Auberginen putzen, halbieren und in Scheiben schneiden. Von den Zucchini die Enden abschneiden, Zucchini putzen, waschen und ebenfalls in Scheiben schneiden. Knoblauch abziehen und in Scheiben schneiden.

3 Die Hälfte des Olivenöls erhitzen, das Gemüse nacheinander portionsweise darin andünsten, dabei mehrmals umrühren und mit Salz, Pfeffer und Kräutern der Provence würzen. Das Bratfett mit Weißwein ablöschen, etwas einkochen lassen und den Sud über das gedünstete Gemüse geben und durchziehen lassen.

4 Tomaten waschen, halbieren, die Stängelansätze herausschneiden und die Tomaten in Scheiben schneiden. Mozzarella abtropfen lassen und ebenfalls in Scheiben schneiden. Basilikum abspülen, trockentupfen und die Blätter von den Stängeln zupfen.

5 Die Tomaten- und Mozzarellascheiben und Basilikumblätter fächerartig auf einer Platte anrichten, mit Salz und Pfeffer würzen und mit restlichem Öl beträufeln.

6 Melone vierteln, entkernen, das Fruchtfleisch von der Schale schneiden und zusammen mit Parmaschinken neben den Tomaten mit Mozzarella anrichten.

7 Parmesan grob hobeln oder in dünne Scheiben schneiden und zusammen mit dem marinierten Gemüse auf der Platte anrichten.

Beilage:
Frisch aufgebackenes Ciabatta (italienisches Brot).

1993
Vino da Tavola
di Toscana secco
ITALIA

Tortilla-Chips mit Avocado-Dip

Foto
Zubereitungszeit: 30 Min.

Pro Portion:
E: 5 g, F: 26 g, Kh: 28 g,
kJ: 1514, kcal: 362

- **4 Knoblauchzehen**
- **1 TL Salz**
- **2 Limonen**
- **4 reife Avocados**
- **Chilipulver**
- **frisch gemahlener Pfeffer**
- **4 Fleischtomaten**
- **2 Bund glatte Petersilie**
- **3 Pck. (je 150 g) Tortilla-Chips**

1 Knoblauch abziehen. Mit Salz fein hacken und in eine Schüssel geben. Limonen auspressen und den Saft dazugeben.

2 Avocados halbieren, aufdrehen, Kern entfernen, mit einem Löffel das Fruchtfleisch herausholen, mit einer Gabel zerkleinern, mit Chilipulver und Pfeffer würzen.

3 Fleischtomaten kurze Zeit in kochendes Wasser legen (nicht kochen lassen), mit kaltem Wasser abschrecken, enthäuten und die Stängelansätze herausschneiden. Tomaten in kleine Würfel schneiden und unter das Avocadomus heben.

4 Petersilie abspülen, gut abtropfen lassen, dann fein hacken und mit dem Avocadomus mischen.

5 Avocado-Dip in eine Schale geben und Tortilla-Chips in einer extra Schüssel dazureichen.

Tipp:
Das Avocadomus wird nicht so schnell braun, wenn Sie den Kern der Avocado hineinlegen und erst kurz vor dem Servieren herausnehmen. Ansonsten sollte der Avocado-Dip erst kurz vor dem Verzehr zubereitet werden. Nach Belieben den Avocado-Dip in die Mitte einer runden Platte geben und Limonenscheiben darum legen.

Fleischbällchen vom Blech

60 Stück

Zubereitungszeit: 50 Min.

Pro Portion:
E: 34 g, F: 53 g, Kh: 1 g,
kJ: 2602, kcal: 623

- **2-3 rote Paprikaschoten**
- **250 g Mozzarella**
- **2 Bund Schnittlauch**
- **2 kg Thüringer Mett**
- **2 TL Senf**
- **Paprika edelsüß**
- **3 EL Olivenöl**

1 Paprika halbieren, entstielen, entkernen, die weißen Scheidewände entfernen, Schoten waschen und in feine Würfel schneiden. Mozzarella abtropfen lassen und fein würfeln. Schnittlauch abspülen, trockentupfen und in feine Röllchen schneiden.

2 Thüringer Mett in eine große Schüssel geben. Die 3 Zutaten zusammen mit Senf und Paprika hinzufügen und vermengen.

3 Aus dem Fleischteig etwa walnussgroße Bällchen formen und diese auf ein mit Olivenöl gefettetes Backblech legen. Das Backblech in den Backofen schieben.

Ober-/Unterhitze:
etwa 250 °C (vorgeheizt)
Heißluft: etwa 230 °C
(nicht vorgeheizt)
Gas: Stufe 4–5 (vorgeheizt)
Backzeit: 20–25 Min.

Yufkateigschalen mit Gyros

24 Stück
Zubereitungszeit: 85 Min.

Pro Portion:
E: 18 g, F: 20 g, Kh: 15 g,
kJ: 1353, kcal: 323

- **1 Pck. (400 g) Yufkateigplatten (gibt es in türkischen Läden)**
- **etwas Speiseöl**

Für die Joghurtsauce:

- **3 Knoblauchzehen**
- **250 g türkischer oder griechischer Joghurt (10 %)**
- **2 EL Olivenöl**
- **Salz, Pfeffer**

Für die Gyrosfüllung:

- **etwa 600 g Gyrosfleisch (fertig mariniert)**
- **2 EL Olivenöl**
- **8 mittelgroße Tomaten**
- **350 g Schafskäse**
- **2 Bund glatte Petersilie**
- **3-4 EL Olivenöl**
- **gerebelter Oregano**

1 Je 2 Yufkateigplatten aufeinander legen. Aus dem Teig Kreise von 12 cm Durchmesser ausstechen und je 2 Teigstücke in mit Öl gefettete Muffinförmchen legen. Ein Stück Alufolie zusammenknüllen und in die Vertiefung geben, damit ein Hohlraum für die Schalen entsteht. Die Form auf dem Rost in den Backofen schieben.

Ober-/Unterhitze: etwa 180 °C (vorgeheizt)
Heißluft: etwa 160 °C (vorgeheizt)
Gas: etwa Stufe 3 (vorgeheizt)
Backzeit: 12–15 Min.

2 Die Yufkaschalen aus den Förmchen nehmen und abkühlen lassen. Mit dem restlichen Teig genau so verfahren, bis der Teig aufgebraucht ist.

3 Für die Joghurtsauce Knoblauch abziehen und zerdrücken. Joghurt mit Knoblauch und Öl verrühren, mit Salz und Pfeffer abschmecken.

4 Für die Gyrosfüllung das Fleisch portionsweise in erhitztem Öl etwa 5 Minuten anbraten.

5 Tomaten waschen, halbieren, die Stängelansätze herausschneiden, Tomaten in Würfel schneiden. Schafskäse in Würfel schneiden. Petersilie gut waschen, trockentupfen und in feine Streifen schneiden.

6 Das Gyros mit Tomaten, Käse und Petersilie vermischen, Öl unterrühren und mit Salz, Pfeffer und Oregano würzen.

7 Die Fleisch-Salat-Masse in die Yufkaschalen füllen und mit der Joghurtsauce servieren.

Tipp:
Die Yufkateigschalen einige Tage vor der Party zubereiten und in einer Dose luftdicht aufbewahren. Die Yufkateigschalen können auch mit Salaten, Shrimps-Cocktail, Gemüse-Ragout usw. gefüllt werden.
Bei feuchten Füllungen (wie Salatsaucen) sollten die Schalen nicht lange stehen, da der Boden dann durchweicht.

Gefüllte Pitabrote

Zubereitungszeit: 60 Min., ohne Marinierzeit

Pro Portion:
E: 28 g, F: 18 g, Kh: 52 g, kJ: 2085, kcal: 498

Für die Hähnchenfleischfüllung:

- **600 g Hähnchenbrustfilet**
- **5 EL Sojasauce, Pfeffer**
- **Paprikapulver edelsüß**
- **3 EL Speiseöl**
- **2 mittelgroße rote Paprikaschoten**
- **3 rote Zwiebeln**
- **6 Salatblätter**
- **6 Pitabrote (je 100 g)**

Für die Schafskäsefüllung:

- **400 g milder Schafskäse**
- **12 Blätter Lollo rosso oder Eisbergsalat**
- **1 Gemüsezwiebel**
- **6 mittelgroße Tomaten**
- **1 kleine Salatgurke (etwa 600 g)**
- **6 Pitabrote (je 100 g)**
- **Salz, Pfeffer**
- **gerebelter Oregano**

Für die Joghurtsauce:

- **500 g griechischer Joghurt oder Naturjoghurt**
- **4 EL Olivenöl**
- **4 abgezogene, zerdrückte Knoblauchzehen**

1 Für die Hähnchenfleischfüllung das Fleisch unter fließendem kalten Wasser abspülen, trockentupfen und in breite Streifen schneiden. Mit Sojasauce, Pfeffer und Paprika mischen und etwa 60 Minuten marinieren.

2 Das Fleisch aus der Marinade nehmen, gut trockentupfen und in erhitztem Öl 6–8 Minuten braten.

3 Paprika halbieren, entstielen, entkernen, die weißen Scheidewände entfernen, Schoten waschen und in Streifen schneiden. Zwiebeln abziehen und in feine Ringe schneiden. Salatblätter waschen und trockentupfen.

4 In die Pitabrote eine Tasche einschneiden, so dass sie am längeren Ende noch zusammenhalten. Die Brote auf ein Backblech oder einen Rost legen und in den Backofen schieben.

Ober-/Unterhitze: etwa 180 °C (vorgeheizt)
Heißluft: etwa 160 °C (vorgeheizt)
Gas: etwa Stufe 3 (vorgeheizt)
Aufbackzeit: 6–8 Min.

5 Die Brote erst mit Salatblättern füllen, dann mit Paprika- und Zwiebelringen und zum Schluss mit dem Fleisch füllen.

6 Für die Schafskäsefüllung den Käse in Scheiben schneiden. Salatblätter waschen und trockentupfen. Gemüsezwiebel abziehen und in dünne Ringe oder Streifen schneiden. Tomaten waschen, halbieren, die Stängelsansätze herausschneiden, Tomaten in dünne Scheiben schneiden. Gurke waschen, nach Belieben schälen und in Scheiben schneiden.

7 Pitabrote wie oben beschrieben aufbacken. Zuerst die Salatblätter in die Brote verteilen, dann Gemüsezwiebel, Tomaten- und Gurkenscheiben hineinfüllen. Zuletzt mit Schafskäsescheiben belegen und mit Salz, Pfeffer und Oregano würzen.

8 Für die Sauce Joghurt mit Öl und Knoblauch verrühren, mit Salz und Pfeffer abschmecken. Die Sauce auf die gefüllten Pitabrote verteilen.

Tipp:
Statt beider Füllungen kann auch von einer Füllung die doppelte Menge zubereitet werden.

Alles aus einem Topf

Suppen und Eintöpfe sind gut vorzubereiten und oft schmecken sie am nächsten Tag sogar noch viel besser. Dass sie so praktisch in der Vorbereitung sind, ist noch ein Grund mehr, Ihre Gäste eine dieser leckeren Suppen auslöffeln zu lassen.

Ofensuppe

Zubereitungszeit: 2½ Std.

E: 31 g, F: 39 g, Kh: 32 g, kJ: 2678, kcal: 637

- **1½ kg Schnitzelfleisch**
- **Salz**
- **frisch gemahlener Pfeffer**
- **gekörnte Fleischbrühe**
- **6 mittelgroße Zwiebeln**
- **2 Gläser Champignons in Scheiben (je 530 g Abtropfgewicht)**
- **2 Gläser Tomatenpaprika (je 165 g Abtropfgewicht)**
- **1 Pck. (500 g) TK-Erbsen**
- **1 große Dose Ananasstücke (490 g Abtropfgewicht)**
- **2 Gläser Chilisauce (Fonduesauce, je etwa 320 g)**
- **1 l Schlagsahne**
- **½ Flasche (225 g) scharfer Curryketchup**
- **etwa 750 ml (¾ l) Wasser**

1 Schnitzelfleisch kalt abspülen, trockentupfen, in Würfel schneiden und in einen ofenfesten, großen Topf geben. Mit Salz, Pfeffer und Fleischbrühe würzen.

2 Zwiebeln abziehen, in Würfel schneiden und zum Fleisch geben. Champignons mit der Flüssigkeit, den abgetropften Tomatenpaprikastreifen und tiefgefrorenen Erbsen hinzufügen.

3 Ananasstücke abtropfen lassen, die Stücke evtl. kleiner schneiden, zusammen mit der Chilisauce, Sahne und Curryketchup auffüllen. Zum Schluss Wasser hinzufügen, so dass die Suppe bedeckt ist, etwas umrühren. Den Topf zugedeckt auf dem Rost in den Backofen schieben.

Ober-/Unterhitze: etwa 200 °C (vorgeheizt)
Heißluft: etwa 180 °C (nicht vorgeheizt)
Gas: Stufe 3–4 (vorgeheizt)
Backzeit: etwa 1½ Std.

4 Zwischendurch die Ofensuppe umrühren, evtl. etwas Wasser hinzufügen.

Party-Reistopf

Zubereitungszeit: 60 Min.

Pro Portion:
E: 36 g, F: 10 g, Kh: 27 g,
kJ: 1524, kcal: 364

- **4 rote Zwiebeln**
- **4 Knoblauchzehen**
- **8 EL Olivenöl**
- **250 g Basmatireis**
- **600 ml Hühner- oder Gemüsebrühe**
- **1½ kg Putengulasch**
- **Salz**
- **frisch gemahlener Pfeffer**
- **4 EL Sojasauce**
- **1½ l Tomatensaft**
- **1 Dose Gemüsemais (265 g Abtropfgewicht)**
- **1 Glas Champignons (315 g Abtropfgewicht)**
- **2 Gläser Tomatenpaprika (je 165 g Abtropfgewicht)**
- **Tabasco**
- **gemahlener Koriander**

1 Zwiebeln und Knoblauch abziehen, in Würfel schneiden und in 2 Esslöffeln Olivenöl andünsten. Den Reis hinzugeben und kurz mit andünsten. Brühe dazugießen, zum Kochen bringen und den Reis etwa 20 Minuten garen. Es darf zum Schluss nur noch wenig Garflüssigkeit übrig sein.

2 Das restliche Olivenöl in einem Bräter erhitzen, das Putengulasch (nach Belieben die Fleischwürfel vorher noch etwas kleiner schneiden) gut darin anbraten. Das Fleisch mit Salz, Pfeffer und Sojasauce würzen.

3 Tomatensaft zu dem Fleisch gießen und zum Kochen bringen. Mais, Champignons und Tomatenpaprika auf einem Sieb abtropfen lassen und dann ebenfalls hinzufügen. Das Ganze aufkochen, dann etwa 5 Minuten garen und mit Salz, Pfeffer, Tabasco und Koriander würzen.

4 Den Reis in den Eintopf geben und evtl. nochmals mit Pfeffer, Tabasco und Koriander abschmecken.

Tipps:
Den Eintopf am Vortag vorbereiten und zugedeckt kühl stellen. Kurz vor dem Verzehr aufwärmen und dann erst den Reis hinzufügen. Nach Belieben Tortilla-Chips dazureichen.

Präsidentensuppe

Foto
Zubereitungszeit: 55 Min.

Pro Portion:
E: 22 g, F: 31 g, Kh: 7 g,
kJ: 1783, kcal: 426

- **3 große Zwiebeln**
- **2 Knoblauchzehen**
- **6 EL Speiseöl**
- **1 kg Gehacktes (halb Rind-, halb Schweinefleisch)**
- **1 Dose Sauerkraut (770 g Abtropfgewicht)**
- **1 Dose (140 g) Tomatenmark**
- **1 l Tomatensaft**
- **1 l Fleischbrühe**
- **Paprikapulver edelsüß**
- **gemahlener Kümmel**
- **Salz**
- **frisch gemahlener Pfeffer**
- **Tabasco**
- **8–10 Gewürzgurken**
- **1 Bund Petersilie**
- **300 g saure Sahne**

1 Zwiebeln und Knoblauch abziehen, Zwiebeln grob, Knoblauch fein würfeln und beides in Öl andünsten. Gehacktes hinzufügen und gut anbraten. Evtl. vorhandene Klümpchen mit einer Gabel zerdrücken.

2 Sauerkraut auseinanderzupfen, hinzufügen, Tomatenmark, Tomatensaft, Fleischbrühe, Paprika, Kümmel, Salz und Pfeffer dazugeben, aufkochen und bei schwacher Hitze etwa 30 Minuten kochen lassen.

3 Die Suppe mit Tabasco und den Gewürzen abschmecken. Gewürzgurken in feine Scheiben schneiden und hinzufügen.

4 Petersilie abspülen, trockentupfen und fein hacken. Die Suppe in Suppentassen oder -teller füllen, auf jede Portion etwas saure Sahne und Petersilie geben.

Paprikacremesuppe

Zubereitungszeit: 60 Min.

Pro Portion:
E: 2 g, F: 18 g, Kh: 5 g,
kJ: 810, kcal: 194

- **2 große Zwiebeln**
- **6 rote Paprikaschoten**
- **100 g Butter**
- **1 l Gemüsebrühe**
- **400 ml Schlagsahne**
- **Saft von 2 Orangen**
- **Tabasco**
- **Salz**
- **frisch gemahlener Pfeffer**

1 Zwiebeln abziehen und in Würfel schneiden. Paprika halbieren, entstielen, entkernen, die weißen Scheidewände entfernen, Schoten waschen und in Würfel schneiden.

2 Die Zwiebelwürfel in Butter andünsten, Paprikawürfel hinzufügen und weich dünsten.

3 Mit Brühe ablöschen und aufkochen lassen. Die Suppe mit dem Pürierstab oder im Mixer pürieren und anschließend durch ein Sieb streichen.

4 Sahne und Orangensaft unterrühren und erhitzen. Mit Tabasco, Salz und Pfeffer würzen.

Tipps:
Auf jede Portion etwas Crème fraîche geben und mit Kräutern garnieren.

Kaiser-Wilhelm-Kartoffelsuppe

Zubereitungszeit: 100 Min.

Pro Portion:
E: 29 g, F: 22 g, Kh: 20 g, kJ: 1707, kcal: 407

- **1,2 kg Beinscheibe (vom Rind)**
- **2½ l Wasser**
- **2 gestr. TL Salz**
- **1 gestr. TL Selleriesalz**
- **1½ kg mehligkochende Kartoffeln**
- **60 g Butter**
- **4 rohe, grobe Bratwürste**
- **½ Tasse klein geschnittene frische Kerbelblätter oder 1 TL gerebelter Kerbel**
- **250 ml (¼ l) Schlagsahne**

1 Beinscheibe unter fließendem kalten Wasser abspülen und in einem Topf mit Wasser, Salz und Selleriesalz zum Kochen bringen und etwa 60 Minuten gar ziehen lassen.

2 Kartoffeln schälen, waschen und in kleine Würfel schneiden. Butter zerlassen und die Kartoffelwürfel darin in 2 Portionen unter Wenden etwa 10 Minuten rösten, dann beiseite stellen.

3 Das Fleisch aus der Brühe nehmen und etwas abkühlen lassen. Dann in kleine Würfel schneiden.

4 Die Kartoffelwürfel mit der Butter in die Brühe geben. Das Ganze etwa 15 Minuten kochen lassen.

5 Die Bratwurstmasse klößchenweise aus der Haut drücken, in die Suppe geben und etwa 5 Minuten erhitzen. Die Fleischwürfel der Beinscheibe hinzufügen.

6 Zum Schluss Kerbelblättchen dazugeben und sofort heiß servieren. Auf jede Portion einen Klecks steifgeschlagene Sahne geben.

Tipp:
Dazu getoastetes Graubrot reichen. Die Sahne kann auch flüssig mit den Kerbelblättchen in die Suppe gegeben werden, dann ist die Konsistenz der Suppe insgesamt etwas cremiger. Nach Belieben können auch einige Kartoffeln etwas zerstampft werden. Die Brühe kann schon einige Tage vorher zubereitet und eingefroren werden.

Tomatensuppe mit Käsetoasts

Zubereitungszeit: 60 Min.

Pro Portion:
E: 9 g, F: 27 g, Kh: 19 g, kJ: 1575, kcal: 377

Für die Tomatensuppe:

- **2 kg Tomaten**
- **2 große rote Paprikaschoten**
- **2 kleine rote Chilischoten**
- **4 Zwiebeln**
- **6 EL Olivenöl**
- **1 Dose (800 g) geschälte Tomaten**
- **2 EL Tomatenmark**
- **1½ l Gemüsebrühe**
- **Sojasauce**
- **Tabasco**
- **2 EL Basilikumstreifen**
- **Salz**
- **frisch gemahlener Pfeffer**

Für die Käsetoasts:

- **6 Scheiben Vollkorntoastbrot**
- **150 g Frischkäse mit französischen Kräutern**
- **6 EL Schlagsahne**

Zum Garnieren

- **250 g Frischkäse mit französischen Kräutern**

1 Für die Suppe Tomaten kurze Zeit in kochendes Wasser legen (nicht kochen lassen), in kaltem Wasser abschrecken, enthäuten, die Stängelansätze herausschneiden und die Tomaten in Würfel schneiden.

2 Paprikaschoten halbieren, entstielen, die weißen Scheidewände entfernen, die Schoten waschen und in kleine Würfel schneiden. Chilischoten waschen, entstielen, entkernen und in Ringe schneiden. Zwiebeln abziehen und würfeln.

3 Zwiebelwürfel in Öl glasig dünsten. Tomatenwürfel und Tomaten aus der Dose mit Saft, Paprika- und Chiliwürfel und Tomatenmark hinzufügen und kurz andünsten. Das Gemüse mit Gemüsebrühe ablöschen, aufkochen lassen und mit geschlossenem Deckel bei mittlerer Hitze etwa 15 Minuten garen.

4 Die Suppe pürieren und durch ein Sieb streichen. Die Suppe erhitzen mit Sojasauce, Tabasco, Basilikum, Salz und Pfeffer abschmecken.

5 Für die Käsetoasts Toastbrot toasten. Frischkäse mit Sahne verrühren, auf die Toasts streichen und diese diagonal halbieren und auf einem Backblech unter dem vorgeheizten Grill etwa 2–3 Minuten gratinieren.

6 Die Suppe mit einem Klecks Frischkäse garnieren und die Käsetoasts dazureichen.

Tipp:
Die Tomatensuppe kann gut am Vortag zubereitet oder auch eingefroren werden. Die Toasts einige Stunden vor dem Verzehr vorbereiten und dann nur noch zum Gratinieren in den Ofen schieben.

Italienischer Eintopf

Foto
Zubereitungszeit: 90 Min.

Pro Portion:
E: 10 g, F: 19 g, Kh: 7 g, kJ: 1060, kcal: 253

- **1 kg grüne Bohnen**
- **500 g Champignons**
- **4 EL Olivenöl**
- **750 g Tomaten**
- **3 Zwiebeln**
- **150 g Pancetta (italien. Speck) oder durchwachsener Speck**
- **1 TL gerebeltes Bohnenkraut**
- **gerebelter Oregano**
- **Pfeffer, Salz**
- **1 l Fleischbrühe**
- **120 g grob gehobelter Parmesan**

1 Bohnen abfädeln, waschen und in Stücke brechen. Champignons putzen, mit Küchenpapier abreiben, evtl. abspülen. Kleine Champignons ganz lassen, größere halbieren oder vierteln. Die Pilze in erhitztem Öl andünsten.

2 Tomaten kurze Zeit in kochendes Wasser legen (nicht kochen lassen), mit kaltem Wasser abschrecken, enthäuten, halbieren, die Stängelansätze herausschneiden und die Tomaten in Spalten schneiden.

3 Zwiebeln abziehen und in Würfel schneiden. Speck in Würfel schneiden, in einem großen Topf oder Bräter auslassen. Zwiebelwürfel hinzufügen und glasig dünsten.

4 Bohnen dazugeben, kurz andünsten und mit Bohnenkraut, Oregano, Pfeffer und Salz bestreuen.

5 Das Gemüse mit Brühe ablöschen, aufkochen und etwa 15 Minuten garen.

6 Champignons und Tomatenspalten hinzufügen. Den Eintopf erhitzen, nochmals mit Kräutern und Salz abschmecken und mit Parmesan bestreut servieren.

Gorgonzolasuppe

Zubereitungszeit: 35 Min.

Pro Portion:
E: 10 g, F: 25 g, Kh: 10 g, kJ: 1439, kcal: 344

- **6 rotschalige Birnen**
- **250 ml (¼ l) Sherry**
- **4 Frühlingszwiebeln**
- **80 g Butter**
- **1½ l Geflügelbrühe**
- **375 g Gorgonzola**
- **400 ml Schlagsahne**
- **Salz, Pfeffer**

1 Birnen waschen, achteln, das Kerngehäuse herausschneiden, die Birnen in dünne Scheiben schneiden und etwa 10 Minuten in Sherry einlegen.

2 Frühlingszwiebeln putzen, waschen, in feine Ringe schneiden und in Butter andünsten.

3 Die Brühe hinzugießen, aufkochen und etwa 10 Minuten leicht kochen lassen.

4 Gorgonzola in Stücke schneiden und zusammen mit Sahne hinzufügen und den Käse unter Rühren zum Schmelzen bringen.

5 Die Birnen mit dem Sherry in die Suppe geben, die Suppe nochmals erhitzen und mit Salz und Pfeffer abschmecken.

Tipp:
Als vegetarische Variante kann die Suppe auch mit Gemüsebrühe zubereitet werden.

Gazpacho

Kalte spanische Tomatensuppe

Zubereitungszeit: 60 Min., ohne Kühlzeit

Pro Portion:
E: 7 g, F: 24 g, Kh: 30 g
kJ: 1661, kcal: 397

- **250 g altbackenes Weißbrot**
- **3 grüne Paprikaschoten**
- **1½ kg reife Tomaten**
- **5 abgezogene, zerdrückte Knoblauchzehen**
- **5 Zwiebeln**
- **200 ml Olivenöl**
- **200 ml Rotwein**
- **500 ml (½ l) Hühnerbrühe**
- **Salz**
- **frisch gemahlener Pfeffer**

Als Einlage:

- **6 Scheiben Toastbrot**
- **3 EL Olivenöl**
- **1 Salatgurke**
- **6 Schalotten**
- **6 Tomaten**
- **2 grüne Parikaschoten**
- **40 grüne Oliven (etwa 200 g)**

1 Weißbrot in kaltem Wasser einweichen. Paprika halbieren, entstielen, entkernen, die weißen Scheidewände entfernen und die Schoten waschen.

2 Tomaten kurze Zeit in kochendes Wasser legen (nicht kochen lassen), in kaltem Wasser abschrecken, enthäuten, die Stängelansätze herausschneiden. Knoblauch und Zwiebeln abziehen.

3 Gemüse in Stücke schneiden und mit dem gut ausgedrückten Weißbrot, Olivenöl, Rotwein und Hühnerbrühe portionsweise in den Mixer geben und zu einer glatten Masse verarbeiten. Mit Salz und Pfeffer würzen und zugedeckt einige Stunden in den Kühlschrank stellen.

4 In der Zwischenzeit für die Einlagen Toastbrot in Würfel schneiden, in dem erhitzten Öl goldgelb rösten.

5 Gurke waschen, in Würfel schneiden. Schalotten abziehen und würfeln. Tomaten kurze Zeit in kochendes Wasser legen (nicht kochen lassen), in kaltem Wasser abschrecken, enthäuten, die Stängelansätze herausschneiden und die Tomaten würfeln.

6 Paprika halbieren, entstielen, entkernen, die weißen Scheidewände entfernen, Schoten waschen und in Streifen schneiden. Oliven in Scheiben schneiden.

7 Alle Beilagen getrennt in kleine Schälchen geben, so dass die Beilagen nach Belieben selbst gewählt werden können. Die Suppe kräftig durchrühren, evtl. einige Eiswürfel hineingeben und mit den Beilagen servieren.

Beilage:
Baguette.

Tipp:
Die Suppe hat eine schönere Konsistenz, wenn sie durchgesiebt wird.

Gyrossuppe

Zubereitungszeit: 75 Min., ohne Marinierzeit

Pro Portion:
E: 30 g, F: 43 g, Kh: 11 g, kJ: 2445, kcal: 584

- **1½ kg Schweineschnitzel**
- **2–3 Knoblauchzehen**
- **6 EL Speiseöl**
- **2 EL Gyros-Gewürzsalz**
- **600 ml Schlagsahne**
- **4 große Zwiebeln**
- **je 3 rote und grüne Paprikaschoten**
- **4 EL Olivenöl**
- **2 Beutel Zwiebelsuppenpulver**
- **1 l Wasser**
- **1 Glas (500 ml) Zigeuner- oder Chilisauce**
- **175 g Schmelzkäse**
- **Salz**
- **frisch gemahlener Pfeffer**
- **1–2 TL Thymian**

1 Schweineschnitzel unter fließendem kalten Wasser abspülen und trockentupfen. Das Fleisch in nicht allzu lange Streifen schneiden.

2 Knoblauch abziehen, durch die Presse drücken und zusammen mit Öl und dem Gyros-Gewürzsalz zum Fleisch geben, gut durchrühren und 2–3 Stunden marinieren.

3 Das Fleisch portionsweise in einer Pfanne von allen Seiten anbraten und dann in eine große Form geben.

4 Sahne über das Fleisch gießen, die Form zugedeckt und kühl gestellt über Nacht marinieren.

5 Zwiebeln abziehen, halbieren und in Scheiben schneiden. Paprika halbieren, entstielen, entkernen, die weißen Scheidewände entfernen, Schoten waschen und in Streifen schneiden. Beide Zutaten in Öl andünsten.

6 Das Zwiebelsuppenpulver und Wasser hinzufügen, zum Kochen bringen und etwa 10 Minuten kochen lassen.

7 Zigeuner- oder Chilisauce, Schmelzkäse und das marinierte Fleisch in die Suppe geben und unter Rühren zum Kochen bringen, bis der Käse sich gut aufgelöst hat.

8 Die Gyrossuppe mit Salz, Pfeffer und Thymian abschmecken.

Tipps:

Den Schmelzkäse evtl. erst mit etwas Suppe glattrühren und dann unter die Suppe rühren. So können sich keine Klümpchen bilden.
Wer Zeit einsparen möchte, kann auch fertiges, mit Zwiebeln mariniertes Gyrosfleisch (beim Metzger) kaufen und startet dann mit Arbeitsschritt 3. Nach Belieben eine Dose Gemüsemais (Abtropfgewicht 340 g) hinzufügen oder auch den Schmelzkäse weglassen. Es gibt dieses Rezept in mehreren Variationen.

Ihr Backofen ist auf 180 oder mehr, aber Sie können Ihrer Party gelassen entgegensehen.

Aus dem Ofen, auf den Tisch

Bunter Tortelliniauflauf

Zubereitungszeit: 70 Min.

Pro Portion:
E: 42 g, F: 44 g, Kh: 25 g, kJ: 2938, kcal: 702

- **750 g getrocknete, bunte Tortellini**
- **je 2 rote, grüne und gelbe Paprikaschoten**
- **2 Stangen Porree (Lauch)**
- **1,2 kg gekochter Schinken, in Scheiben geschnitten**
- **125 ml (⅛ l) Schlagsahne**
- **400 g Schmand**
- **500 ml (½ l) Milch**
- **6 Eier**
- **Chinagewürz, Currypulver**
- **Salz, Pfeffer**
- **400 g geriebener Gouda**

1 Tortellini nach Packungsanleitung kochen. Dann abgießen, kurz kalt abspülen und abtropfen lassen.

2 Paprika halbieren, entstielen, entkernen, die weißen Scheidewände entfernen, Schoten waschen und in feine Streifen schneiden. Porree putzen, halbieren, gut waschen und in Streifen schneiden. Schinken in Streifen oder Würfel schneiden.

3 Tortellini mit dem Gemüse und Schinken mischen und in einer gefetteten Fettfangschale verteilen (oder in 2 großen Auflaufformen).

4 Sahne mit Schmand, Milch und Eiern verrühren. Mit Chinagewürz, Curry, Salz und Pfeffer würzen. Den Guss über den Auflauf gießen und das Ganze mit Käse bestreuen. Fettfangschale in den Backofen schieben (Auflaufformen auf den Rost).

Ober-/Unterhitze: etwa 200 °C (vorgeheizt)
Heißluft: etwa 180 °C (nicht vorgeheizt)
Gas: Stufe 3–4 (vorgeheizt)
Backzeit: 30–45 Min., je nach Größe der Form.

Abwandlung:
1 Dose Champignonscheiben (Abtropfgewicht 370 g) hinzufügen, in den Guss etwas Tomatenmark geben.

EINFACH • FÜR KINDER

Hackfleisch-Pizza

Zubereitungszeit: 10 Min.

Pro Portion:
E: 39 g, F: 44 g, Kh: 11 g, kJ: 2657, kcal: 634

- **2 Brötchen**
- **3 Zwiebeln**
- **2 Knoblauchzehen**
- **1½ kg Gehacktes (halb Rind-, halb Schweinefleisch)**
- **2 Eier**
- **Salz**
- **frisch gemahlener Pfeffer**
- **gerebelter Oregano**
- **300 g Schafskäse**
- **1 große Zucchini**
- **2 mittelgroße Möhren**
- **1 Glas (500 g) Zigeunersauce**
- **2 Gläser Champignons in Scheiben geschnitten (je 200 g Abtropfgewicht)**
- **3 Fleischtomaten**
- **2 mittelgroße rote Paprikaschoten**
- **250 g Mozzarella**
- **100 g geriebener Pizzakäse**

1 Brötchen in kaltem Wasser einweichen. Zwiebeln und Knoblauch abziehen und fein würfeln.

2 Gehacktes in eine große Schüssel geben, mit den gut ausgedrückten Brötchen, Zwiebel- und Knoblauchwürfeln, Eiern, Salz, Pfeffer und Oregano gut mischen.

3 Schafskäse in Würfel schneiden. Von der Zucchini die Enden abschneiden, Zucchini putzen, waschen und grob raspeln. Möhren putzen, schälen, waschen und ebenfalls grob raspeln.

4 Die 3 Zutaten unter die Hackfleischmasse geben und gut verkneten. Den Hackfleischteig in einer gefetteten Fettfangschale verteilen und glatt streichen.

5 Die Zigeunersauce auf das Hackfleisch streichen, Champignons auf einem Sieb abtropfen lassen und dann auf der Hackfleisch-Pizza verteilen.

6 Tomaten kurze Zeit in kochendes Wasser legen (nicht kochen lassen), mit kaltem Wasser abschrecken, enthäuten, Stängelansätze herausschneiden, Tomaten in Scheiben schneiden und auf der Pizza verteilen.

7 Paprika waschen, die Stängelansätze herausschneiden, die Paprikaschoten in Ringe schneiden, dabei das Kerngehäuse herausschneiden, die Paprikaringe auf die Tomatenscheiben legen. Mit Salz, Pfeffer und Oregano bestreuen. Die Fettfangschale in den Backofen schieben.

Ober-/Unterhitze: etwa 200 °C (vorgeheizt)
Heißluft: etwa 180 °C (nicht vorgeheizt)
Gas: Stufe 3–4 (vorgeheizt)
Backzeit: etwa 50 Min.

8 Mozzarella abtropfen lassen, in Scheiben schneiden. Nach der Hälfte der Backzeit je 1 Scheibe in einen Paprikaring legen und den geriebenen Pizzakäse in die Zwischenräume der Tomaten streuen.

Tipp:
Es können nach Belieben statt Zucchini und Möhren auch Paprikawürfel, Mais oder nur Schafskäsewürfel in den Hackfleischteig gegeben werden.

Käse-Schinken-Rollen in Tomatensauce

Zubereitungszeit: 70 Min.

Pro Portion:
E: 15 g, F: 19 g, Kh: 19 g, kJ: 1367, kcal: 326

Für die Tomatensauce:

- **1 Gemüsezwiebel**
- **2 Knoblauchzehen**
- **5 EL Olivenöl**
- **3 Dosen (je 400 g) stückige Tomaten**
- **1 Pck. (500 g) passierte Tomaten**
- **Salz**
- **frisch gemahlener Pfeffer**
- **Oregano**
- **Thymian**

Für die Käse-Schinken-Rollen:

- **250 g Makkaroni**
- **Salzwasser**
- **1 EL Speiseöl**
- **12 Scheiben mittelalter Gouda (ohne Rinde)**
- **12 Scheiben gekochter Schinken**
- **60 g geriebener Parmesan**
- **100 g geriebener Pizzakäse**

1 Für die Tomatensauce Zwiebel und Knoblauch abziehen, würfeln und in Öl andünsten.

2 Die stückigen und die passierten Tomaten hinzufügen, mit Salz, Pfeffer, Oregano und Thymian bestreuen. Die Sauce zum Kochen bringen und etwa 5 Minuten kochen lassen.

3 Die Tomatensauce in eine große, gefettete Auflaufform oder Fettfangschale geben.

4 Für die Käse-Schinken-Rollen Makkaroni 1- bis 2-mal durchbrechen und nach Packungsanleitung in reichlich Salzwasser mit Öl bissfest garen. Die Nudeln nach dem Garen kurz mit kaltem Wasser abschrecken und gut abtropfen lassen.

5 Je 8 Makkaronistücke auf eine Käsescheibe legen und aufrollen und dann in den Schinken rollen. Die Käse-Schinken-Rollen in die Tomatensauce legen, mit Parmesan und Pizzakäse bestreuen und die Form zugedeckt auf dem Rost (oder die Fettfangschale) in den Backofen schieben.

Ober-/Unterhitze: etwa 180 °C (vorgeheizt)
Heißluft: etwa 160 °C (nicht vorgeheizt)
Gas: etwa Stufe 3 (vorgeheizt)
Backzeit: etwa 35 Min.

6 Etwa die letzten 10 Minuten aufgedeckt fertig garen.

Tipps:
Evtl. übriggebliebene Makkaroni dazureichen. Die Käse-Schinken-Rollen können auch auf einem Spinatbett angerichtet werden. Dazu 3 Packungen Rahm- oder Blattspinat in Öl und Knoblauch andünsten und mit Muskatnuss würzen und die Käse-Schinken-Rollen darauf legen. Nach Belieben dann Tomatensauce dazureichen.

Kartoffel-Tomaten-Pizza

Foto
Zubereitungszeit: 70 Min.

Pro Portion:
E: 13 g, F: 23 g, Kh: 33 g, kJ: 1727, kcal: 413

- **2 kg gegarte Pellkartoffeln**
- **1½ kg Tomaten**
- **300 g durchwachsener Speck**
- **1 TL gerebelt. Oregano**
- **2 EL gehackte Petersilie**
- **2 abgezogene, zerdrückte Knoblauchzehen**
- **Salz**
- **frisch gemahlener Pfeffer**
- **250 g geriebener Käse**

1 Kartoffeln pellen und in Scheiben schneiden. Tomaten waschen, halbieren, Stängelansätze herausschneiden. Tomaten in Scheiben schneiden und mit den Kartoffelscheiben fächerartig in eine gefettete Fettfangschale schichten.

2 Speck in kleine Würfel schneiden, auslassen und über das Gemüse streuen.

3 Oregano, Petersilie, Knoblauch, Salz und Pfeffer vermischen, die Pizza damit bestreuen. Die Kartoffel-Tomaten-Pizza gleichmäßig mit Käse bestreuen und die Fettfangschale in den Backofen schieben.

Ober-/Unterhitze:
200–220 °C (vorgeheizt)
Heißluft: 180–200 °C
(nicht vorgeheizt)
Gas: Stufe 4–5 (vorgeheizt)
Backzeit: etwa 25 Min.

4 Die Kartoffel-Tomaten-Pizza in Stücke teilen, sofort servieren.

Tipp:
Die Kartoffel-Tomaten-Pizza kann bis Arbeitsschritt 3 vorbereitet werden, so dass sie vor dem Verzehr nur noch in den Backofen muss.

Überbackene Lachsfilets

Zubereitungszeit: 60 Min.

Pro Portion:
E: 29 g, F: 37 g, Kh: 2 g, kJ: 2649 kcal: 634

- **12 frische oder tiefgefrorene Lachsfilets (je 125 g)**
- **12 Scheiben Räucherlachs**
- **250 g milder Schinkenspeck**
- **2 Zwiebeln**
- **400 g Schmand**
- **200 g Butter, Pfeffer**
- **1 EL fein gehackter Dill**
- **1 EL fein gehackte Petersilie**

1 Lachsfilets (tiefgefrorene erst auftauen lassen) kalt abspülen und trockentupfen. Jedes Lachsfilet gut mit je 1 Scheibe Räucherlachs umwickeln und auf ein gefettetes Backblech legen.

2 Schinkenspeck klein schneiden. Zwiebeln abziehen und in Würfel schneiden. Beide Zutaten zusammen mit Crème fraîche oder Schmand, Butter und Pfeffer im Mixer pürieren. Dill und Petersilie unterrühren.

3 Die Farce auf die Lachsfilets verteilen und das Backblech in den Backofen schieben.

Ober-/Unterhitze:
etwa 200 °C (vorgeheizt)
Heißluft: etwa 180 °C
(nicht vorgeheizt)
Gas: etwa Stufe 3
(vorgeheizt)
Backzeit: etwa 15 Min.

Vegetarische Moussaka

Zubereitungszeit: 110 Min.

Pro Portion:
E: 15 g, F: 34 g, Kh: 16 g, kJ: 1892, kcal: 452

- **2 kg Auberginen**
- **1 EL Salz**
- **frisch gemahlener Pfeffer**
- **120 g Weizenmehl**
- **200 ml Olivenöl**
- **4 Zwiebeln**
- **6 EL Olivenöl**
- **2 Dosen (je 800 g) Tomaten**
- **Salz**
- **gerebelter Thymian**
- **375 g Mozzarella**
- **200 g geriebener Parmesan**

1 Auberginen waschen, abtrocknen, der Länge nach in 1 cm dicke Scheiben schneiden, mit Salz bestreuen und 20 Minuten ruhen lassen.

2 Auberginenscheiben kalt abspülen, trockentupfen, mit Pfeffer bestreuen und mit Mehl bestäuben. Öl erhitzen, die Auberginenscheiben darin von beiden Seiten braten, dann auf Küchenpapier abtropfen lassen.

Beilage:
Fladenbrot oder Stangenweißbrot.

3 Zwiebeln abziehen, in Würfel schneiden und in Öl andünsten. Tomaten mit der Flüssigkeit hinzugießen, dabei die Tomaten zerdrücken, mit Salz, Pfeffer, Thymian würzen, zum Kochen bringen, in etwa 10 Minuten zu einer sämigen Sauce einkochen lassen.

4 Mozzarella in dünne Scheiben schneiden. In eine gefettete, große Auflaufform oder Fettfangschale abwechselnd Auberginenscheiben, Mozzarella, einen entsprechenden Teil Parmesan und Tomatensauce geben, die obere Schicht sollte aus Sauce bestehen.

5 Die Fettfangschale in den Backofen schieben (die Form auf dem Rost).

Ober-/Unterhitze: etwa 200 °C (vorgeheizt)
Heißluft: etwa 180 °C (nicht vorgeheizt)
Gas: etwa Stufe 3 (vorgeheizt)
Backzeit: etwa 45 Min.

Tipp:
Die Moussaka schmeckt auch kalt sehr gut. Sie kann dann auch gut am Vortag zubereitet werden.

Tacoauflauf

Zubereitungszeit:
100 Min.,
ohne Einweichzeit

Pro Portion:
E: 38 g, F: 18 g, Kh: 44 g,
kJ: 2125, kcal: 508

- **300 g getrocknete schwarze Bohnen**
- **etwa 500 g rote Bohnen (aus der Dose)**
- **1 Dose Gemüsemais (Abtropfgewicht 340 g)**
- **je 2 grüne und rote Paprikaschoten**
- **1 kg Putenbrustfilet**
- **5 EL Speiseöl**
- **300 g saure Sahne**
- **250 ml (¼ l) Milch**
- **3 Eier**
- **Salz**
- **frisch gemahlener Pfeffer**
- **Rosenpaprika**
- **Chilipfeffer**
- **250 g grob zerbröselte Tacocräcker**

1 Bohnen über Nacht in Wasser einweichen. In kochendem Wasser 30–40 Minuten weich kochen. Zusammen mit roten Bohnen und Mais auf ein Sieb geben und gut abtropfen lassen.

2 Paprika waschen, halbieren, entkernen, weiße Scheidewände entfernen und Paprika in Streifen schneiden.

3 Putenbrust unter fließendem kalten Wasser abspülen, trockentupfen, in Streifen schneiden und portionsweise in erhitztem Öl anbraten. Mit Mais, Bohnen und Paprikastreifen vermischen.

4 Saure Sahne, Milch und Eier verquirlen, mit Salz, Pfeffer, Rosenpaprika und Chilipfeffer würzen. Gemüse und Fleisch in eine gefettete, große Auflaufform oder Fettfangschale schichten, mit der Eiermilch übergießen und die Form auf dem Rost (oder die Fettfangschale) in den Backofen schieben.

Ober-/Unterhitze:
180–200 °C (vorgeheizt)
Heißluft: 160–180 °C
(nicht vorgeheizt)
Gas: Stufe 3–4 (vorgeheizt)
Garzeit: etwa 30–45 Min.,
je nach Größe der Form

5 Den Auflauf kurz vor Beendigung der Garzeit mit Tacocräckern bestreuen.

Tipp:
Bis Arbeitsschritt 3 kann der Auflauf gut vorbereitet werden. Die Eiermilch erst kurz vor dem Garen anrühren.

Pilzlasagne

Zubereitungszeit: 110 Min.

Pro Portion:
E: 9 g, F: 24 g, Kh: 16 g,
kJ: 1364, kcal: 326

Für die Pilzsauce:

- **6 Knoblauchzehen**
- **6 Zwiebeln**
- **600 g braune Champignons**
- **500 g Steinpilze**
- **250 g Knollensellerie**
- **80 g Butter**
- **400 ml Pilz- oder Gemüsefond**
- **200 ml Schlagsahne**
- **2 EL Zitronensaft**
- **20 g Butter**
- **1 EL Weizenmehl**
- **5 Zweige Thymian**
- **2 Zweige Rosmarin**
- **2 Zweige Salbei**
- **Salz, Pfeffer**

Für die Béchamelsauce:

- **80 g Weizenmehl**
- **1 l Milch**
- **3 Eigelb**
- **200 g Doppelrahm-Frischkäse**
- **geriebene Muskatnuss**
- **gerebelter Thymian**

- **400 g Lasagneplatten (ohne Vorgaren)**
- **250 g geriebener Edamer**

1 Für die Pilzsauce Knoblauch und Zwiebeln abziehen und fein würfeln. Champignons und Steinpilze putzen, mit Küchenpapier abreiben, evtl. abspülen und in Scheiben schneiden. Knollensellerie putzen, schälen, waschen und in feine Würfel schneiden. Zwiebel- und Knoblauchwürfel in Butter andünsten. Pilze und Sellerie hinzufügen und portionsweise andünsten.

2 Das Gemüse mit Pilz- oder Gemüsefond, Sahne und Zitronensaft ablöschen und aufkochen lassen. Butter mit Mehl verkneten, die Pilzsauce damit binden. Thymian, Rosmarin und Salbei abspülen, trockentupfen, die Blättchen bzw. Nadeln von den Stängeln zupfen und in die Pilzmasse geben. Mit Salz und Pfeffer abschmecken.

3 Für die Béchamelsauce Mehl mit etwas Milch anrühren, die restliche Milch hinzufügen, unter ständigem Rühren gut aufkochen. Eigelb und Frischkäse unterrühren, mit Salz, Pfeffer, Muskat und Thymian abschmecken.

4 Etwas Béchamelsauce in eine gefettete, große, rechteckige Auflaufform gießen, mit Lasagneplatten bedecken, hierauf etwas Pilzsauce geben und wieder mit Lasagneplatten bedecken. Die Zutaten weiter so einschichten, bis sie aufgebraucht sind. Als letzte Schicht sollte mit Béchamelsauce abgeschlossen werden. Mit Käse bestreuen und die Form auf dem Rost in den Backofen schieben.

Ober-/Unterhitze:
180–200 °C (vorgeheizt)
Heißluft: 160–180 °C (nicht vorgeheizt)
Gas: Stufe 3–4 (vorgeheizt)
Backzeit: etwa 45 Min.

Tipp:
Statt Champignons und Steinpilzen kann die Lasagne auch mit Champignons und Austernpilzen oder auch nur mit Champignons kombiniert werden.

Spaghetti-Pizza

Zubereitungszeit: 100 Min.

Pro Portion:
E: 24 g, F: 41 g, Kh: 37 g,
kJ: 2692, kcal: 643

- **500 g Spaghetti**
- **Salzwasser**
- **2 EL Olivenöl**
- **4–5 große Fleischtomaten**
- **2 große Gläser Pilze in Scheiben geschnitten (je 285 g Abtropfgewicht)**
- **500 g gekochter Hinterschinken**
- **200 g geräucherter Schinkenspeck**
- **4 große Zwiebeln**
- **4 EL Olivenöl**
- **Paprikapulver edelsüß**
- **Salz**
- **frisch gemahlener Pfeffer**
- **gerebelter Thymian**
- **8 Eier**
- **1 EL Speisestärke**
- **400 ml Schlagsahne**
- **200 g geriebener Pizzakäse**

1 Spaghetti in reichlich Salzwasser mit Olivenöl garen, aber die auf der Packung angegebene Garzeit etwa um die Hälfte verkürzen. Danach die Nudeln auf einem Sieb abtropfen lassen, mit kaltem Wasser abschrecken und gut abtropfen lassen. Etwa ¼ der Spaghettis in einer gefetteten Fettfangschale verteilen.

2 Tomaten kurze Zeit in kochendes Wasser legen (nicht kochen lassen), mit kaltem Wasser abschrecken, enthäuten, Stängelansätze entfernen und die Tomaten in Würfel schneiden. Champignons auf einem Sieb abtropfen lassen. Schinken in Würfel schneiden.

3 Speck in Würfel schneiden. Zwiebeln abziehen und ebenfalls in Würfel schneiden. Öl in einer Pfanne erhitzen, die Speckwürfel darin auslassen, Zwiebelwürfel hinzufügen und glasig dünsten.

4 Die restlichen Spaghetti mit Tomaten, Champignons, Schinken, Speck und Zwiebeln mischen, mit Paprika, Salz, Pfeffer und Thymian würzen und auf den Spaghettis in der Fettfangschale verteilen.

5 Eier mit Speisestärke und Sahne gut verrühren, nach Belieben mit Paprika, Salz, Pfeffer und Thymian würzen und über die Spaghetti-Pizza gießen. Die Fettfangschale mit Alufolie zudecken und in den Backofen schieben.

Ober-/Unterhitze:
etwa 200 °C (vorgeheizt)
Heißluft: etwa 180 °C (nicht vorgeheizt)
Gas: Stufe 3–4 (vorgeheizt)
Backzeit: etwa 45 Min.

6 Nach etwa 30 Minuten der Backzeit die Alufolie abnehmen, die Pizza mit Käse bestreuen und offen weiter garen lassen, bis der Käse zerlaufen ist. Falls die Eimasse dann noch nicht gestockt sein sollte, die Spaghetti-Pizza noch etwa 10 Minuten länger backen.

Tipp:
Die Spaghetti-Pizza kann auch gut eingefroren werden. Die abgekühlte Spaghetti-Pizza zugedeckt in einer Auflaufform einfrieren. Vor dem Verzehr die Pizza kurz antauen lassen, in den kalten Backofen schieben und bei mittlerer Hitze aufbacken.

Berliner Bulettenauflauf

Zubereitungszeit:
etwa 85 Min.

Pro Portion:
E: 47 g, F: 79 g, Kh: 35 g, kJ: 4608, kcal: 1100

- **2 mittelgroße Zwiebeln**
- **1,8 kg Gehacktes (halb Rind-, halb Schweinefleisch)**
- **3 Eier**
- **150 g Semmelbrösel**
- **Salz**
- **frisch gemahlener Pfeffer**
- **5 EL Speiseöl**
- **1½ kg kleine gegarte Pellkartoffeln**
- **250 g Cocktailtomaten**
- **2 Bund Schnittlauch**
- **600 g Crème fraîche**
- **400 ml Schlagsahne**
- **8 Eier**
- **Paprikapulver edelsüß**
- **250 g geriebener Gouda**

1 Zwiebeln abziehen und fein würfeln. Hackfleisch mit Zwiebelwürfeln, Eiern und Semmelbröseln gut vermischen und mit Salz und Pfeffer würzen.

2 Die Hackfleischmasse zu 24 Frikadellen formen und diese in erhitztem Öl rundherum etwa 6 Minuten anbraten.

3 Eine große Auflaufform oder Fettfangschale einfetten. Die gegarten Kartoffeln pellen, je nach Größe halbieren oder vierteln und zusammen mit den Buletten und den gewaschenen Cocktailtomaten in der Auflaufform oder Fettfangschale verteilen.

4 Schnittlauch abspülen, trockentupfen und in Röllchen schneiden. Crème fraîche, Sahne, Eier, Salz, Pfeffer, Paprika und Schnittlauch verrühren, über das Fleisch und den Kartoffeln verteilen, mit Käse bestreuen und die Form auf dem Rost (oder die Fettfangschale) in den Backofen schieben.

Ober-/Unterhitze: etwa 180 °C (vorgeheizt)
Heißluft: etwa 160 °C (nicht vorgeheizt)
Gas: Stufe 2–3 (vorgeheizt)
Backzeit: etwa 35 Min.

Krustenfisch

Foto
Zubereitungszeit: 45 Min.

Pro Portion:
E: 31 g, F: 20 g, Kh: 35 g, kJ: 2006, kcal: 478

- **12 Fischfilets, z.B. Rotbarsch oder Zander (je 150 g)**
- **Salz**
- **frisch gemahlener schwarzer Pfeffer**
- **125 g weiche Butter**
- **2 EL körniger Senf**
- **2 EL scharfer Senf**
- **125 g geriebener Käse**
- **3 mittelgroße abgezogene, gehackte Zwiebeln**
- **80 g Semmelbrösel**
- **3 EL gemischte, gehackte Kräuter, z.B. Dill, Petersilie, Schnittlauch**

1 Fischfilets unter fließendem kalten Wasser abspülen und trockentupfen. Mit Salz und Pfeffer bestreuen und auf ein gefettetes Backblech legen.

2 Butter mit beiden Senfsorten, Käse, Zwiebeln, Semmelbröseln und Kräutern zu einer Paste verrühren.

3 Die Paste auf die Filets streichen, das Backblech in den Backofen schieben.

Ober-/Unterhitze: etwa 170 °C (vorgeheizt)
Heißluft: etwa 150 °C (vorgeheizt)
Gas: etwa Stufe 3 (vorgeheizt)
Backzeit: 20–30 Min.

Beilage:
Gemischter Salat und Baguette.

Tipp:
Nach Belieben können noch Tomatenwürfel oder Porreestreifen in die Paste gegeben werden.

Lachs in Dillrahmsauce

Zubereitungszeit: 65 Min.

Pro Portion:
E: 30 g, F: 43 g, Kh: 7 g, kJ: 2985, kcal: 714

- **12 Lachsfilets (je etwa 125 g)**
- **Salz, Pfeffer**
- **2–3 EL Zitronensaft**
- **4 Doppelpackungen helle Fischsauce oder Kräutersauce (für je 250 ml Flüssigkeit)**
- **1 l Schlagsahne**
- **600 g Crème fraîche**
- **2 Bund Dill**
- **nach Belieben 200 g Krabben oder Shrimps**

1 Lachsfilet unter fließendem kalten Wasser abspülen, trockentupfen, mit Salz, Pfeffer und Zitronensaft würzen und in eine große, gefettete Auflaufform legen.

2 Die Sauce mit Sahne und Crème fraîche (nicht mit Wasser, wie auf der Packungsanleitung angegeben) verrühren.

3 Dill abspülen, trockentupfen, fein hacken und in die Sauce rühren. Nach Belieben Krabben oder Shrimps hinzufügen. Die Sauce über den Fisch gießen, so dass der Fisch bedeckt ist. Die Form auf dem Rost in den Backofen schieben.

Ober-/Unterhitze: etwa 200 °C (vorgeheizt)
Heißluft: etwa 180 °C (nicht vorgeheizt)
Gas: Stufe 3–4 (vorgeheizt)
Backzeit: etwa 45 Min.

Asiatische Fischpäckchen

Zubereitungszeit: 80 Min., ohne Marinierzeit

Pro Portion:
E: 31 g, F: 11 g, Kh: 37 g, kJ: 1668, kcal: 398

- **300 g Sojasprossen**
- **350 g Zuckerschoten**
- **3 kleine Fenchelknollen**
- **1 Stück Ingwer**
- **3 rote Peperoni**
- **3 Möhren**
- **3 Stangen Porree (Lauch)**
- **200 ml Sojasauce**
- **frisch gemahlener Pfeffer**
- **12 Fischfilets (je 150 g), z.B. Rotbarsch oder Zander**
- **Salz**
- **12 Stück Alufolie (etwa 30 x 30 cm)**
- **2 EL Speiseöl**

1 Sojasprossen verlesen, unter fließendem kalten Wasser abspülen und trockentupfen. Zuckerschoten putzen, die Enden abschneiden, Zuckerschoten waschen und schräg in 2 cm große Stücke schneiden.

2 Fenchel putzen, waschen, halbieren und in feine Streifen schneiden. Ingwer schälen und fein würfeln. Peperoni waschen, halbieren, entkernen und in feine Würfel schneiden.

3 Möhren putzen, schälen, waschen und in sehr feine Streifen schneiden. Porree putzen, waschen, halbieren und in feine Streifen schneiden.

4 Das Gemüse mit Sojasauce mischen, mit Pfeffer bestreuen und 2–3 Stunden marinieren, zwischendurch umrühren.

5 Fischfilets unter fließendem kalten Wasser abspülen, trockentupfen, halbieren und mit Salz und Pfeffer bestreuen.

6 Die Alufolienstücke auf der glänzenden Seite mit Öl bestreichen, jeweils eine Fischfilethälfte darauf legen. Auf jedes Fischstück etwas von der Gemüsemischung geben, wieder ein Stück Fischfilet und abschließend das restliche Gemüse darauf verteilen.

7 Die Alufolie oben zu Päckchen zusammendrücken, auf ein Backblech legen und in den Backofen schieben.

Ober-/Unterhitze: etwa 200 °C (vorgeheizt)
Heißluft: etwa 180 °C (vorgeheizt)
Gas: Stufe 4–5 (vorgeheizt)
Backzeit: 20–30 Min.

8 Jeweils ein Fischpäckchen auf einen Teller legen und öffnen.

- **Beilage:**
Weißbrot.

Fleisch-spezialitäten

Es muss ja nicht immer Gulasch sein. Hier kommen neue Rezepte, die alle eins gemeinsam haben: Sie sind gut vorzubereiten und bringen Abwechslung. Wundern Sie sich nicht, wenn Sie nach dem Rezept gefragt werden.

Filettopf

Zubereitungszeit: 95 Min.

Pro Portion:
E: 38 g, F: 74 g, Kh: 5 g, kJ: 3639, kcal: 869

- **4 Schweinefilets (je 400g)**
- **2 geh. EL milder Senf**
- **24 Scheiben geräucherter Schinkenspeck**
- **3 kleine Gläser kleine Champignons (je 170 g Abtropfgewicht)**
- **Salz**
- **frisch gemahlener schwarzer Pfeffer**
- **je 1 TL Majoran, Dillspitzen und gehackte Petersilie**

Für die Sauce:

- **1250 ml (5 Becher) Schlagsahne**
- **4 gestr. EL Paprikapulver**
- **4 gestr. TL Currypulver**

1 Schweinefilets unter fließendem kalten Wasser abspülen, trockentupfen und jedes Filet in 6 Scheiben schneiden, so dass 24 Medaillons entstehen.

2 Jedes Medaillon mit Senf bestreichen und mit je 1 Scheibe Schinkenspeck umwickeln.
Die Fleischstücke nicht zu nah aneinander in eine große Auflaufform oder einen Bräter legen.

3 Champignons auf einem Sieb abtropfen lassen, dann die Zwischenräume der Medaillons damit ausfüllen. Das Ganze mit Salz, Pfeffer, Majoran, Dillspitzen und Petersilie bestreuen.

4 Für die Sauce Sahne mit Paprika und Curry verrühren und auf die Medaillons gießen. Die Form oder den Bräter zugedeckt auf dem Rost in den Backofen schieben.

Ober-/Unterhitze: etwa 180 °C (vorgeheizt)
Heißluft: etwa 160 °C (nicht vorgeheizt)
Gas: etwa Stufe 3 (vorgeheizt)
Backzeit: etwa 60 Min.

Kotelettpakete

Zubereitungszeit: 90 Min.

Pro Portion:
E: 30 g, F: 32 g, Kh: 10 g,
kJ: 2056, kcal: 491

- **12 Scheiben (je 150 g) Schweinenacken (ohne Knochen)**
- **Salz**
- **frisch gemahlener Pfeffer**
- **50 g Weizenmehl**
- **4-5 EL Speiseöl**

Für den Belag:

- **3 mittelgroße Zwiebeln**
- **400 g Champignons**
- **3 EL Speiseöl**
- **3 mittelgroße Äpfel**
- **200 ml Cidre (Apfelwein)**
- **60 g weiche Butter**
- **60 g fein geriebene Semmelbrösel**

1 Schweinenacken unter fließendem kalten Wasser abspülen und trockentupfen. Das Fleisch mit Salz und Pfeffer bestreuen und mit Mehl bestäuben.

2 Öl erhitzen, die Schweinenackensteaks darin portionsweise von beiden Seiten anbraten und jedes auf ein genügend großes Stück Alufolie (30 x 30 cm) legen.

3 Für den Belag Zwiebeln abziehen und fein würfeln. Champignons putzen, mit Küchenpapier abreiben, evtl. abspülen und in Würfel schneiden.

4 Die Zwiebelwürfel in Öl andünsten. Champignonwürfel hinzufügen und ebenfalls andünsten (die Flüssigkeit muss fast verdampft sein).

5 Äpfel schälen, vierteln und das Kerngehäuse herausschneiden. Äpfel fein würfeln, zu den Champignons geben und kurz mitdünsten. Mit Salz und Pfeffer bestreuen und den Cidre hinzugießen. Das Ganze kurz aufkochen.

6 Butter mit Semmelbröseln vermischen, in die Apfel-Champignon-Masse rühren. Evtl. nochmals abschmecken und auf die Schweinenackensteaks verteilen. Die Folie oben zusammendrücken und die Pakete auf ein Backblech legen und dieses in den Backofen schieben.

Ober-/Unterhitze: etwa 200 °C (vorgeheizt)
Heißluft: 160–180 °C (nicht vorgeheizt)
Gas: Stufe 3–4 (vorgeheizt)
Backzeit: etwa 30 Min.

7 Die Kotelettpäckchen 10 Minuten ruhen lassen, dann jedes Päckchen auf einen Teller legen und öffnen.

Beigabe:
Kartoffelchips oder Pommes.

Tipp:
Die Kotelettpakete bis Arbeitsschritt 6 vorbereiten und kühl stellen.

Pfifferlingsschnitzel

Zubereitungszeit: 45 Min.

Pro Portion:
E: 27 g, F: 28 g, Kh: 2 g,
kJ: 1649, kcal: 393

- **3 kleine Zwiebeln**
- **50 g Butter**
- **600 g Pfifferlinge**
- **Salz**
- **frisch gemahlener Pfeffer**
- **2 EL gehackte Petersilie**
- **12 Schweineschnitzel (je etwa 150 g)**
- **2–3 EL Worcestersauce**
- **30 g Weizenmehl**
- **80 g Margarine oder Butterschmalz**
- **12 Scheiben mittelalter Gouda oder Emmentaler**

1 Zwiebeln abziehen und fein würfeln. Butter zerlassen und die Zwiebelwürfel darin andünsten.

2 Pfifferlinge putzen, mit Küchenpapier abreiben, evtl. abspülen, trockentupfen, dazugeben, mit Salz und Pfeffer würzen, gar dünsten lassen und mit Petersilie vermengen.

3 Schnitzel kalt abspülen, trockentupfen mit Pfeffer bestreuen, mit Worcestersauce beträufeln und mit etwas Mehl bestäuben. Fett erhitzen, Schnitzel darin von beiden Seiten 6–8 Minuten braten, aus der Pfanne nehmen, auf ein mit Alufolie belegtes Backblech legen.

4 Pfifferlinge auf den Schnitzel verteilen, je 1 Scheibe Käse auf jedes Schnitzel legen, das Backblech in den Backofen schieben.

Ober-/Unterhitze: etwa 230 °C (vorgeheizt)
Heißluft: etwa 200 °C (vorgeheizt)
Gas: Stufe 4–5 (vorgeheizt)
Backzeit: 10–15 Min.

Beigabe:
Butterreis, bunter Salat.

Tipps:
Die Pfifferlingsschnitzel können bis Arbeitsschritt 3 vorbereitet werden. Dann kurz vor dem Verzehr überbacken. Die Überbackzeit erhöht sich bei den kalten Schnitzeln dann bei 200 °C (Heißluft: etwa 180 °C, Gas: Stufe 3–4) auf etwa 20 Minuten. Wer keine frischen Pfifferlinge bekommt, kann auch welche aus dem Glas nehmen oder statt Pfifferlingen Champignons verwenden.

Salzbraten

Zubereitungszeit: 3 Std.

Pro Portion:
E: 52 g, F: 44 g, Kh: 5 g, kJ: 2915, kcal: 695

- **2 kg Salz**
- **3 kg Schweinenacken (ohne Knochen)**

Für die Sauce:

- **1½ kg Schweineknochen**
- **4 EL Speiseöl**
- **4 Zwiebeln**
- **2 Bund Suppengemüse**
- **1 TL gerebelter Majoran**
- **Salz**
- **frisch gemahlener Pfeffer**
- **1 l Wasser**
- **500 ml (½ l) Rotwein**
- **30 g Weizenmehl**
- **250 ml (¼ l) Schlagsahne**

1 Salz etwa 2 cm dick auf ein Backblech streuen. Schweinenacken unter fließendem kalten Wasser abspülen, trockentupfen und auf das Salz legen. Das Backblech in den Backofen schieben.

Ober-/Unterhitze: etwa 200 °C (vorgeheizt)
Heißluft: etwa 180 °C (nicht vorgeheizt)
Gas: Stufe 3–4 (nicht vorgeheizt)
Bratzeit: 2–2½ Std.

2 Etwa nach der Hälfte der Bratzeit das Fleisch wenden.

3 Für die Sauce Knochen unter fließendem kalten Wasser abspülen, trockentupfen und in heißem Öl gut anbraten. Zwiebeln abziehen und zu den Knochen geben.

4 Suppengemüse putzen, waschen, klein schneiden und mit Majoran ebenfalls zu den Knochen geben. Salz, Pfeffer, Wasser und Rotwein hinzufügen und zum Kochen bringen. Das Ganze zugedeckt etwa 1 Stunde schmoren lassen.

5 Den Fond durch ein Sieb gießen. Mehl mit Sahne anrühren, in die Sauce geben, zum Kochen bringen und etwa 5 Minuten kochen lassen. Die Sauce dann mit Majoran, Salz und Pfeffer abschmecken.

6 Das Fleisch aus dem Backofen nehmen, 10 Minuten ruhen lassen, dann mit einem scharfen Messer (am besten mit einem elektrischen Messer) in Scheiben schneiden.

Tipps:
Das Fleisch schmeckt auch kalt sehr gut, dann mit Senf oder verschiedenen kalten Dips servieren. Die Sauce kann auch gut am Vortag zubereitet oder tiefgekühlt werden.

Schweinefilet in Sojasauce

Zubereitungszeit:
100 Min.,
ohne Marinierzeit

Pro Portion:
E: 44 g, F: 20 g, Kh: 7 g,
kJ: 1670, kcal: 398

- **2 kg Schweinefilet**
- **150 ml Sojasauce**
- **4 EL Speiseöl**
- **6 Zwiebeln**
- **3 rote Paprikaschoten**
- **1 kg Champignons**
- **8-10 Gewürzgurken**
- **300 g saure Sahne**
- **500 g Schmand**
- **400 ml Hühnerbrühe**
- **Salz**
- **frisch gemahlener Pfeffer**
- **2 Prisen Zucker**
- **1 Bund gehackte Petersilie**

1 Schweinefilet unter fließendem kalten Wasser abspülen, trockentupfen und in 3 cm dicke Scheiben schneiden. Die Fleischscheiben in eine Auflaufform legen, mit Sojasauce begießen und etwa 30 Minuten marinieren, zwischendurch wenden.

2 Zwiebeln abziehen und in Scheiben schneiden. Paprika halbieren, entstielen, entkernen, die weißen Scheidewände entfernen, Schoten waschen und in Streifen schneiden.

3 Pilze putzen, mit Küchenpapier abreiben, evtl. abspülen, größere Pilze halbieren oder vierteln, kleine ganz lassen. Gurken in Streifen schneiden.

4 Die Fleischscheiben aus der Marinade nehmen, trockentupfen und portionsweise in heißem Fett von beiden Seiten 2–3 Minuten anbraten.

5 Das Fleisch aus der Pfanne nehmen und in eine große, gefettete Auflaufform geben.

6 Zwiebeln, Paprika und Pilze in dem verbliebenen Bratfett etwa 5 Minuten andünsten. Mit Salz, Pfeffer und Zucker würzen.

7 Die Gurkenstreifen zu dem Gemüse geben. Saure Sahne, Schmand, Brühe und die vom Marinieren zurückbehaltene Sojasauce hinzufügen, erhitzen und mit Salz, Pfeffer und Zucker abschmecken. Das Gemüse über das Fleisch in der Auflaufform geben. Die Form zugedeckt auf dem Rost in den Backofen schieben.

Ober-/Unterhitze:
etwa 200 °C (vorgeheizt)
Heißluft: etwa 180 °C
(nicht vorgeheizt)
Gas: Stufe 3–4 (vorgeheizt)
Backzeit: etwa 15 Min.

8 Das Schweinefilet mit Petersilie bestreut servieren.

Tipps:
Nach Belieben 2 Esslöffel Weizenmehl mit etwas kaltem Wasser anrühren und die Sauce damit binden. Das Schweinefilet kann auch am Vortag schon so weit vorbereitet werden, dass es am Tag der Feier nur noch in den Backofen geschoben werden muss. Das Fleisch sollte zugedeckt kühl stehen. Die Backzeit erhöht sich dann auf etwa 30–45 Minuten.

Apfel-Schweinebraten

Zubereitungszeit: 2½ Std.

Pro Portion:
E: 40 g, F: 35 g, Kh: 6 g, kJ: 2254, kcal: 538

- **2½ kg Schweinenacken (ohne Knochen)**
- **Salz**
- **frisch gemahlener schwarzer Pfeffer**
- **4 EL Butterschmalz**
- **750 ml (¾ l) heißes Wasser**
- **6 Zwiebeln**
- **6 kleine, feinsäuerliche Äpfel, z.B. Boskop**
- **1 gestr. TL gemahlener Zimt**
- **1 gestr. TL gemahlene Nelken**
- **60 g Butter**

1 Fleisch unter fließendem kalten Wasser abspülen, trockentupfen und mit Salz und Pfeffer einreiben. Butterschmalz in einem Bräter erhitzen, das Fleisch darin etwa 15 Minuten von allen Seiten braun braten.

2 Nach und nach Wasser hinzugießen, den Topf zudecken und etwa 2 Stunden schmoren lassen. Das Fleisch dabei hin und wieder mit dem Bratenfond übergießen. Das Fleisch kann statt auf der Herdplatte auch im Backofen geschmort werden.

Ober-/Unterhitze: etwa 200 °C (vorgeheizt)
Heißluft: etwa 180 °C (nicht vorgeheizt)
Gas: Stufe 3–4 (nicht vorgeheizt)
Schmorzeit: 2 Std.

3 Zwiebeln abziehen und in Ringe schneiden. Äpfel schälen, vierteln, das Kerngehäuse herausschneiden und die Äpfel in dicke Spalten schneiden. Beide Zutaten etwa 25 Minuten vor Ende der Schmorzeit zum Fleisch geben.

4 Zimt, Nelken und Butter hinzufügen und die Zwiebelringe und Apfelstücke goldbraun braten.

5 Das Fleisch herausnehmen, 10 Minuten ruhen lassen, dann in Scheiben schneiden und mit den Zwiebeln und Äpfeln anrichten.

Beilage:
Reis oder Spätzle.

Abwandlung:
Statt Schweinenacken Kasselernacken (ohne Knochen) verwenden. Die Schmorzeit verkürzt sich dann auf 50–60 Minuten.

Tipp:
Das Fleisch schmeckt auch kalt sehr gut. Die Äpfel und Zwiebeln aber erwärmt dazureichen.

Lammkeule mit Minzsauce

Zubereitungszeit: 2 Std.

Pro Portion:
E: 31 g, F: 25 g, Kh: 2 g, kJ: 1516, kcal: 358

Für die Minzsauce:

- **500 ml (½ l) Wasser**
- **Salz**
- **1 EL Zucker**
- **4 Beutel Pfefferminztee**
- **250 ml (¼ l) Kräuteressig**
- **2 kg Lammkeule (ohne Knochen)**
- **3 abgezogene Knoblauchzehen**
- **Chilipulver**
- **2 EL Minzeblätter, in Streifen geschnitten**

1 Wasser mit 1 Teelöffel Salz und Zucker aufkochen, Pfefferminztee damit aufbrühen, Essig hinzugießen, abkühlen lassen (nach Belieben abschmecken).

2 Lammkeule unter fließendem kalten Wasser abspülen und trockentupfen. Knoblauch mit Salz zerdrücken, die Lammkeule innen damit einreiben und dann mit Küchengarn zusammenbinden. Das Fleisch außen mit Salz und Chili einreiben.

3 Lammkeule in einem Bräter in erhitztem Öl rundherum anbraten und etwas Minztee hinzufügen. Den Bräter auf dem Rost in den Backofen schieben.

Ober-/Unterhitze: etwa 180 °C (vorgeheizt)
Heißluft: etwa 160 °C (nicht vorgeheizt)
Gas: Stufe 3–4 (vorgeheizt)
Garzeit: etwa 90 Min.

4 Verdampfte Flüssigkeit nach und nach durch Minztee ersetzen.

5 Die Lammkeule aus dem Bräter nehmen, mit Alufolie bedecken und etwa 10 Minuten ruhen lassen, damit sich der Fleischsaft setzt.

6 Den Bratensatz etwas einkochen lassen und abschmecken. Das Fleisch in Scheiben schneiden. Minzestreifen vor dem Servieren unter die Sauce rühren. Die Sauce zu dem Fleisch reichen.

Beilage:
Grüne Bohnen mit angedünsteten Zwiebelstreifen.

Putenbraten mit Aprikosensauce

Zubereitungszeit: 2 Std.

Pro Portion:
E: 42 g, F: 2 g, Kh: 13 g,
kJ: 1165, kcal: 278

- **2 kg Putenbrust**
- **Salz**
- **frisch gemahlener Pfeffer**
- **gemahlener Ingwer, Zimt oder Koriander**

Für die Sauce:

- **200 g getrocknete Aprikosen**
- **2 TL abgeriebene Schale von 1 Orange (unbehandelt)**
- **250 ml (¼ l) Orangensaft**
- **2 TL fein gewürfelte Ingwerwurzel**
- **2 EL Weißweinessig**
- **Salz**
- **2 EL Aprikosenkonfitüre**
- **250 ml (¼ l) Weißwein**
- **4 EL Sojasauce**
- **125 ml (⅛ l) Wasser**
- **1 EL Speisestärke**

1 Putenbrust unter fließendem kalten Wasser abspülen, trockentupfen und mit Salz, Pfeffer und Ingwer, Zimt oder Koriander würzen. Die Putenbrust mit Küchengarn umwickeln und festbinden.

2 Für die Sauce Aprikosen in kleine Stücke schneiden und mit Orangenschale, -saft, Ingwer, Essig, Salz, Konfitüre, Wein und Sojasauce vermischen.

3 Die Sauce in eine große Auflaufform füllen, das Fleisch hineinlegen und die Form auf dem Rost in den Backofen schieben.

Ober-/Unterhitze: etwa 180 °C (vorgeheizt)
Heißluft: etwa 160 °C (nicht vorgeheizt)
Gas: etwa Stufe 4 (vorgeheizt)
Bratzeit: etwa 90 Min.

4 Wasser mit Speisestärke verrühren und etwa 30 Minuten vor Beendigung der Bratzeit in die Sauce rühren. Den Braten mit etwas Sauce übergießen, weitergaren.

5 Den Putenbraten aus dem Backofen nehmen, zugedeckt 5–10 Minuten ruhen lassen, dann in Scheiben schneiden und mit der Sauce anrichten.

Beilage:
Reis oder Nudeln und Buttererbsen.

Tipp:
Die Putenbrust vor dem Braten mit rohen Schinkenscheiben umwickeln.

Hähnchenbrustfilets in Zwiebel-Sahne-Sauce

Foto
Zubereitungszeit: 55 Min., ohne Marinierzeit

Pro Portion:
E: 39 g, F: 15 g, Kh: 8 g, kJ: 1393, kcal: 334

- **12 Hähnchenbrustfilets (je etwa 150 g)**
- **6 EL Sojasauce**
- **2 Stangen Porree (Lauch)**
- **3 Beutel Zwiebelsuppe, z.B. von Maggi**
- **1 l Schlagsahne**
- **500 ml (½ l) Wasser**

1 Hähnchenbrustfilets kalt abspülen, trockentupfen und in eine gefettete Fettfangschale legen. Das Fleisch mit Sojasauce beträufeln und 1 Stunde kühl stellen.

2 Porree putzen, längs halbieren, waschen, in Ringe schneiden und auf dem Fleisch verteilen. Das Zwiebelsuppenpulver mit Sahne und Wasser verrühren und über die Filets gießen. Die Fettfangschale in den Backofen schieben.

Ober-/Unterhitze: etwa 200 °C (vorgeheizt)
Heißluft: etwa 180 °C (nicht vorgeheizt)
Gas: Stufe 3–4 (vorgeheizt)
Backzeit: etwa 40 Min.

Tipps:
Nach Belieben nach etwa der Hälfte der Garzeit die Hähnchenbrustfilets mit 200 g geriebenem Gouda bestreuen. Statt Hähnchenbrustfilets können auch Schweinesteaks genommen werden.

Putenbrust in Currysauce

Zubereitungszeit: 70 Min., ohne Marinierzeit

Pro Portion:
E: 30 g, F: 28 g, Kh: 23 g, kJ: 2053, kcal: 491

- **4 Putenbrustfilets (je 300 g)**
- **125 ml (⅛ l) Sojasauce**
- **1 Dose Pfirsiche (500 g Abtropfgewicht)**
- **2 Fl. (je 250 g) Currysauce**
- **500 ml (½ l) Schlagsahne**
- **400 g Schmand**
- **Pfeffer, Chinagewürz**
- **125 g geriebener Gouda**

1 Putenbrustfilets kalt abspülen, trockentupfen und in etwa 1 cm dicke Scheiben schneiden. Die Fleischstücke in eine Fettfangschale geben, mit Sojasauce begießen und 3–4 Stunden darin marinieren.

2 Pfirsiche abtropfen lassen, den Saft dabei auffangen und 100–200 ml abmessen. Die Pfirsiche in Stücke schneiden und über dem Fleisch verteilen.

3 Currysauce mit Sahne, Schmand, Pfirsichsaft, Pfeffer und Chinagewürz verrühren. Die Sauce auf die Putenbrustscheiben und Pfirsiche gießen, die Fettfangschale mit Alufolie zudecken.

Ober-/Unterhitze: etwa 180 °C (vorgeheizt)
Heißluft: etwa 160 °C (nicht vorgeheizt)
Gas: etwa Stufe 3 (vorgeheizt)
Backzeit: 30–40 Min.

4 Nach der Hälfte der Garzeit den Käse darüberstreuen und das Fleisch offen weitergaren.

Hähnchenkeulen Hacienda

Foto – 16 Portionen
Zubereitungszeit: 75 Min.

Pro Portion:
E: 51 g, F: 10 g, Kh: 28 g, kJ: 1821, kcal: 435

- **16 Hähnchenkeulen (je etwa 200 g)**
- **4 EL Sonnenblumenöl**
- **2 Dosen Kidneybohnen (je 425 g Abtropfgewicht)**
- **2 Dosen Gemüsemais (je 425 g Abtropfgewicht)**
- **1 Dose (800 g) geschälte Tomaten**
- **4 Beutel Fix für Chili con Carne, z.B. von Maggi**

1 Hähnchenkeulen unter fließendem kalten Wasser abspülen und trockentupfen. Anschließend mit Sonnenblumenöl bestreichen, in eine gefettete Fettfangschale legen und in den Backofen schieben.

Ober-/Unterhitze:
etwa 200 °C (vorgeheizt)
Heißluft: etwa 180 °C
(nicht vorgeheizt)
Gas: Stufe 3–4 (vorgeheizt)
Bratzeit: etwa 30 Min.

2 Bohnen, Mais und Tomaten auf einem Sieb abtropfen lassen, die Flüssigkeit dabei auffangen. 500 ml (½ l) der Flüssigkeit mit dem Chili-con-carne-Pulver verrühren.

3 Das abgetropfte Gemüse hinzufügen und über die Hähnchenkeulen geben. Die Hähnchenkeulen bei der gleichen Herdeinstellung wie oben etwa weitere 30 Minuten schmoren lassen.

- **Beilage:**

Tortilla-Chips und Baguette.

Wursttervine

Zubereitungszeit: 75 Min.

Pro Portion:
E: 31 g, F: 30 g, Kh: 1 g, kJ: 1790, kcal: 428

- **1 kg feines Bratwurstbrät (beim Metzger bestellen)**
- **400 g Rindergehacktes**
- **1 Bund glatte Petersilie**
- **2 Bund Schnittlauch**
- **5 Frühlingszwiebeln**
- **500 g Schweinefilet**
- **3 EL Speiseöl**
- **Salz, Pfeffer**

1 Gehacktes in eine Schüssel geben und vermischen. Kräuter verlesen, abspülen, trockentupfen und fein schneiden. Frühlingszwiebeln putzen, waschen und in feine Ringe schneiden. Die Zutaten unter das Brät mischen.

2 Schweinefilet kalt abspülen, trockentupfen und in erhitztem Öl rundherum anbraten, mit Salz und Pfeffer würzen.

3 Die Hälfte der Bratwurstmasse in eine gefettete Kastenform (30 x 11 cm) geben, darauf das Schweinefilet legen. Das restliche Brät darauf verteilen und das Ganze etwas andrücken.

Ober-/Unterhitze:
etwa 200 °C (vorgeheizt)
Heißluft: etwa 180 °C
(nicht vorgeheizt)
Gas: Stufe 3–4 (vorgeheizt)
Backzeit: etwa 45 Min.

4 Falls die Oberfläche der Terrine zu braun wird, die Form mit Alufolie zudecken.

Leberkäserouladen auf Sauerkraut

Zubereitungszeit: 60 Min.

Pro Portion:
E: 38 g, F: 62 g, Kh: 6 g, kJ: 3283, kcal: 784

- **3 Zwiebeln**
- **4 EL Speiseöl**
- **3 Dosen Sauerkraut (je 750 g Abtropfgewicht)**
- **250 ml (¼ l) Fleischbrühe**
- **8-10 Wacholderbeeren**
- **2 Lorbeerblätter**
- **Salz**
- **frisch gemahlener Pfeffer**
- **etwas Zucker**
- **24 dünne (etwa ½ cm) Leberkäsescheiben (je etwa 100 g)**
- **etwa 100 g mittelscharfer Senf**
- **12 Gewürzgurken**
- **200 g geriebener mittelalter Gouda**

1 Zwiebeln abziehen, würfeln und in Öl andünsten.

2 Sauerkraut etwas auseinanderzupfen, zu den Zwiebeln geben und mit andünsten.

3 Brühe hinzugießen, Wacholderbeeren, Lorbeerblätter, Salz, Pfeffer und Zucker hinzufügen und zugedeckt etwa 25 Minuten garen. Das Sauerkraut evtl. nochmals abschmecken und in eine gefettete, große Auflaufform oder Fettfangschale geben.

4 Leberkäsescheiben mit Senf (etwa 1 Teelöffel pro Scheibe) bestreichen. Die Gewürzgurken halbieren und je eine Hälfte quer auf die Leberkäsescheibe legen.

5 Die Leberkäsescheiben zusammenrollen, mit einem Holzspießchen zusammenstecken. Die Leberkäserouladen mit dem Spieß nach unten auf das Sauerkraut legen, mit Käse bestreuen. Die Auflaufform auf dem Rost in den Backofen schieben oder die Fettfangschale in den Backofen schieben.

Ober-/Unterhitze: etwa 200 °C (vorgeheizt)
Heißluft: etwa 180 °C (vorgeheizt)
Gas: etwa Stufe 3 (vorgeheizt)
Backzeit: 15–20 Min.

Tipps:
Statt mittelscharfem Senf kann auch süßer Senf genommen werden. Falls mehrere Fleischgerichte serviert werden, reicht auch eine Leberkäse-Roulade pro Person.

Backleberkäse mit Spätzle

Foto
Zubereitungszeit: 80 Min.

Pro Portion:
E: 37 g, F: 58 g, Kh: 9 g,
kJ: 3117, kcal: 744

- **1 Stück Leberkäse (etwa 1800 g)**
- **12 mittelgroße Zwiebeln**
- **5 EL Speiseöl**
- **600 g Spätzle (aus dem Kühlregal)**
- **500 g Emmentaler Käse**

1 Aus dem Leberkäse einen Keil schneiden, so dass ein 2–3 cm großer Rand stehen bleibt. Den herausgeschnittenen Leberkäse in Würfel schneiden.

2 Das Leberkäsestück in eine große, gefettete Auflaufform legen, den Leberkäse an den Seiten in Abständen von $1^1/_2$ cm einschneiden.

3 Zwiebeln abziehen, halbieren, in Streifen schneiden und in Öl andünsten, mit Spätzle und Leberkäsewürfeln mischen. Mischung in den eingeschnittenen Keil füllen, um den Leberkäse verteilen.

4 Gut die Hälfte des Käses reiben und auf der Spätzle-Zwiebel-Masse verteilen. Die Auflaufform auf dem Rost in den Backofen schieben.

Ober-/Unterhitze:
etwa 180 °C (vorgeheizt)
Heißluft: etwa 160 °C
(nicht vorgeheizt)
Gas: etwa Stufe 3
(vorgeheizt)
Backzeit: etwa 45 Min.

5 Den restlichen Käse in kleine Scheiben schneiden und etwa 10 Minuten vor Ende der Garzeit in die Seiteneinschnitte des Leberkäses stecken und fertig backen.

Jägertopf

Zubereitungszeit: 2½ Std., ohne Durchziehzeit

Pro Portion:
E: 52 g, F: 82 g, Kh: 8 g,
kJ: 4326, kcal: 1032

- **2½ kg Schnitzelfleisch**
- **1 Pck. (60 g) Maggi-Gewürzmischung Nr. 1**
- **2 Pck. Chester-Schmelzkäse**
- **3 St. Porree (Lauch)**
- **4 Dosen Champignons (je 425 g Abtropfgewicht)**
- **400 g geräucherte Bauchspeckwürfel**
- **6 dicke Zwiebeln**
- **4 Pck. Jägersauce (für 250 ml (¼ l) pro Pck.)**
- **1 l Schlagsahne**

1 Fleisch kalt abspülen, trockentupfen und in Streifen schneiden. Die Fleischstreifen mit der Gewürzmischung vermengen und in einen gefetteten Bräter geben.

2 Schmelzkäse über dem Fleisch verteilen. Porree putzen, waschen, in Ringe schneiden und zusammen mit den abgetropften Champignons auf den Käse geben.

3 Zwiebeln abziehen und in Würfel schneiden, mit Bauchspeck andünsten, in den Bräter geben. Saucenpulver mit Sahne verrühren, über den Fleischtopf gießen, zugedeckt über Nacht durchziehen lassen.

4 Den Bräter auf dem Rost in den Backofen schieben.

Ober-/Unterhitze:
etwa 190 °C (vorgeheizt)
Heißluft: etwa 170 °C
(nicht vorgeheizt)
Gas: Stufe 3–4 (vorgeheizt)
Backzeit: etwa 2 Std.

Aus der Salatschüssel

Ob Frühling, Sommer, Herbst oder Winter: Hier gibt es Salate für jede Saison und jeden Geschmack. Falls unter Ihren Gästen Salatgegner dabei sind, keine Angst, denn hier werden sie nicht nur zum Salatessen überredet, sondern sogar überzeugt.

Hochzeitssalat

Zubereitungszeit: 60 Min.

Pro Portion:
E: 7 g, F: 16 g, Kh: 16 g, kJ: 1033, kcal: 247

- **6 mittelgroße gekochte Pellkartoffeln**
- **4 Zwiebeln**
- **1 kleine Dose Ananasstücke (340 g Abtropfgewicht)**
- **4 saure Äpfel, z. B. Granni Smith**
- **400 g Fleischwurst**
- **2 Gläser Selleriesalat (je 190 g Abtropfgewicht)**

Für die Salatsauce:

- **250 g Mayonnaise**
- **150 g Joghurt**
- **Salz**
- **frisch gemahlener Pfeffer**

1 Pellkartoffeln pellen, längs halbieren und in Scheiben schneiden. Zwiebeln abziehen, halbieren und in sehr dünne Scheiben schneiden. Ananasstücke auf einem Sieb gut abtropfen lassen.

2 Äpfel schälen, vierteln, das Kerngehäuse herausschneiden, Äpfel in Stifte schneiden.
Fleischwurst in Würfel oder dünne Streifen schneiden. Selleriesalat gut abtropfen lassen.

3 Für die Salatsauce Mayonnaise mit Joghurt verrühren, mit Salz und Pfeffer abschmecken und unter die Salatzutaten mischen. Den Salat etwa 30 Minuten durchziehen lassen (nicht länger, da er sonst zu viel Saft zieht). Evtl. vor dem Servieren nochmals abschmecken.

Tipps:
Der Salat kann auch als Schichtsalat serviert werden. Die Äpfel dann mit Zitronensaft beträufeln und die Salatsauce über den Salat verteilen.

Tortellini-Salat

Zubereitungszeit: 50 Min., ohne Durchziehzeit

Pro Portion:
E: 14 g, F: 21 g, Kh: 29 g, kJ: 1558, kcal: 372

- **500 g getrocknete Tortellini mit Käsefüllung**
- **1 EL Speiseöl**
- **600 g Tomaten**
- **400 g gekochter Schinken**

Für die Salatsauce:

- **1 kleines Glas (250 g) Miracel Whip**
- **150 g saure Sahne**
- **2 EL Balsamico-Essig**
- **4 EL Olivenöl**
- **2 abgezogene, zerdrückte Knoblauchzehen**
- **Salz**
- **frisch gemahlener Pfeffer**
- **2 EL in Streifen geschnittene Basilikumblätter**
- **1 Bund Schnittlauch, in Röllchen geschnitten**
- **gerebelter Thymian**

1 Tortellini nach Packungsanleitung in reichlich Salzwasser mit Öl garen. Dann auf ein Sieb geben und kurz mit kaltem Wasser abschrecken, abtropfen und erkalten lassen.

2 Tomaten kurze Zeit in kochendes Wasser legen (nicht kochen lassen), mit kaltem Wasser abschrecken, enthäuten, Stängelansätze herausschneiden und die Tomaten in Würfel schneiden. Schinken würfeln.

3 Für die Salatsauce Miracel Whip mit saurer Sahne, Essig, Öl, Knoblauch, Salz, Pfeffer, Basilikum, Schnittlauch und Thymian verrühren.

4 Tortellini, Schinken- und Tomatenwürfel mit der Sauce vorsichtig mischen und etwa 30 Minuten durchziehen lassen. Evtl. nochmals abschmecken.

Tipp:
Der Tortellini-Salat kann als vegetarische Variante auch ohne Schinken zubereitet werden. Den Schinken dann durch 400 g frische, in Scheiben geschnittene Champignons ersetzen. Gut schmeckt es auch halb mit Schinken und halb mit Champignons kombiniert.

Mozzarella-Nudel-Salat

Zubereitungszeit: 40 Min., ohne Durchziehzeit

Pro Portion:
E: 9 g, F: 21 g, Kh: 17 g, kJ: 1272, kcal: 304

- **250 g dreifarbige Farfalle-Nudeln (Schmetterlingsnudeln)**
- **Salzwasser**
- **1 EL Olivenöl**
- **250 g Mozzarella**
- **250 g Cocktailtomaten**
- **200 g (möglichst kleine) Champignons**
- **2 Bund Rauke**
- **60 g Pinienkerne**

Für die Salatsauce:

- **5 EL Weißweinessig**
- **2 EL Basilikumessig (oder Kräuteressig)**
- **1 TL Salz**
- **2 TL Zucker**
- **knapp 1 gestr. TL geschroteter Pfeffer**
- **150 ml Olivenöl**
- **5 EL Wasser**
- **1 Pck. (25 g) TK-Basilikum (oder 1 Topf frisches Basilikum)**

1 Nudeln in Salzwasser und Öl nach Packungsanleitung garen, dann auf ein Sieb geben und kurz mit kaltem Wasser übergießen und gut abtropfen lassen.

2 Mozzarella abtropfen lassen und in Würfel schneiden. Cocktailtomaten waschen, nach Belieben halbieren.

3 Champignons putzen, mit Küchenpapier abreiben, evtl. abspülen. Kleine Champignons ganz lassen, größere halbieren oder vierteln. Rauke verlesen, putzen, waschen, trockentupfen und grob zerpflücken. Pinienkerne in einer Pfanne ohne Fett anrösten.

4 Für die Salatsauce die beiden Essigsorten mit Salz, Zucker und Pfeffer gut verrühren. Öl und Wasser nach und nach hinzugießen. Basilikum unterrühren (frisches abspülen, trockentupfen und in Streifen schneiden).

5 Die Salatsauce mit den Nudeln mischen und 1–2 Stunden durchziehen lassen.

6 Mozzarella, Cocktailtomaten, Champignons und Rauke unterheben. In einer Schüssel anrichten und mit Pinienkernen bestreuen.

Tipp:
Mozzarella gibt es auch als kleine Kugeln zu kaufen. Wenn Sie diese verwenden, spart es das in Würfel schneiden und sieht auch sehr hübsch aus.

Fleischwurstsalat

Foto
Zubereitungszeit: 40 Min., ohne Durchziehzeit

Pro Portion:
E: 14 g, F: 30 g, Kh: 5 g, kJ: 1501, kcal: 359

- **1 kg Fleischwurst**
- **3 große Zwiebeln**
- **2 kleine Stangen Porree (Lauch, 100 g)**
- **4 große, säuerliche Äpfel**

Für die Salatsauce:

- **4–6 EL Essig**
- **2 EL Wasser**
- **Salz, Pfeffer**
- **1 TL geriebener Meerrettich (aus dem Glas)**
- **8 EL Speiseöl**

- **2 EL fein geschnittener Schnittlauch**
- **gewaschene Salatblätter**
- **Tomatenachtel**
- **Petersilie**

1 Fleischwurst enthäuten, zuerst in dicke Scheiben, dann in Streifen schneiden. Zwiebeln abziehen, halbieren, in Scheiben schneiden. Porree putzen, halbieren, waschen und in feine Ringe schneiden. Äpfel waschen, nach Belieben schälen, vierteln, entkernen und in kleine Stücke schneiden.

2 Für die Salatsauce Essig mit Wasser, Salz, Pfeffer und Meerrettich verschlagen, Öl als Letztes unterschlagen.

3 Die Sauce mit den Salatzutaten vermengen, Schnittlauch unterheben. Den Salat gut durchziehen lassen, evtl. nochmals abschmecken.

4 Den Fleischsalat auf Salatblättern anrichten, mit Tomatenachteln und Petersilie garnieren.

Porree-Curry-Salat

Zubereitungszeit: 45 Min.

Pro Portion:
E: 21 g, F: 12 g, Kh: 7 g, kJ: 971, kcal: 232

- **900 g Hähnchenbrustfilet**
- **3 EL Speiseöl**
- **1,2 kg Porree (Lauch)**
- **100 g Cashewkerne**
- **300 g Magermilchjoghurt**
- **250 g Miracel Whip**
- **Salz, Pfeffer**
- **Currypulver**
- **1 Prise Zucker**
- **glatte Petersilie zum Garnieren**

1 Hähnchenbrustfilet unter fließendem kalten Wasser abspülen, trockentupfen. Öl erhitzen und das Fleisch etwa 10 Minuten von allen Seiten darin braten. Das abgekühlte Filet in dünne Scheiben schneiden.

2 Porree putzen, waschen, wahlweise in sehr dünne Ringe oder Streifen schneiden. Cashewkerne in einer Pfanne ohne Fett goldbraun rösten.

3 Miracel Whip mit Joghurt verrühren. Mit Salz, Pfeffer, Zucker und Curry würzig abschmecken. Die vorbereiteten Zutaten vorsichtig miteinander vermischen und einige Zeit durchziehen lassen.

4 Den Salat vor dem Servieren mit Petersilienblättchen garnieren.

Blumenkohlsalat

Zubereitungszeit: 40 Min., ohne Durchziehzeit

Pro Portion:
E: 7 g, F: 16 g, Kh: 4 g, kJ: 807, kcal: 193

- **2 Köpfe Blumenkohl (je etwa 800 g)**
- **kaltes Salzwasser**
- **500 ml (½ l) kochendes Salzwasser**

Für die Salatsauce:

- **500 g Crème fraîche**
- **2 EL Senf**
- **5 hart gekochte Eier**
- **6 Gewürzgurken**
- **2 EL Kapern**
- **2 EL gehackte, gemischte Kräuter, z.B. Dill, Schnittlauch, Petersilie**
- **Salz**
- **frisch gemahlener Pfeffer**
- **2 Prisen Zucker**
- **einige gewaschene Salatblätter, z.B. Lollo rosso**
- **Cocktailtomaten**

1 Blumenkohl putzen, in kleine Röschen teilen, den Strunk in Streifen schneiden. Blumenkohlröschen und Strunkstreifen gründlich waschen und in Salzwasser etwa 10 Minuten gar kochen lassen.

2 Den Blumenkohl abgießen, kurz in kaltes Wasser legen, auf einem Sieb gut abtropfen und abkühlen lassen.

3 Für die Salatsauce Crème fraîche mit Senf verrühren. Eier pellen, in Würfel schneiden und unter die Crème fraîche rühren.

4 Gurken würfeln. Kapern hacken. Beide Zutaten mit den Kräutern ebenfalls unter die Crème fraîche rühren, mit Salz, Pfeffer und Zucker abschmecken.

5 Die Blumenkohlröschen vorsichtig mit der Sauce vermengen, den Salat gut durchziehen lassen, evtl. nochmals mit Salz, Pfeffer und Zucker abschmecken. Mit Salatblättern und Cocktailtomaten garniert servieren.

Abwandlung:
Der Salat kann auch halb mit Blumenkohl und halb mit Broccoli zubereitet werden. Nach Belieben gekochten Schinken, in Streifen geschnitten, hinzufügen.

Salattorte

Zubereitungszeit: 50 Min., ohne Marinierzeit

Pro Portion:
E: 15 g, F: 26 g, Kh: 8 g, kJ: 1448, kcal: 346

Für die Salattorte:

- **1 kleiner Eisbergsalat**
- **1 mittelgroße Salatgurke**
- **1 Gemüsezwiebel**
- **500 g Tomaten**
- **1 Stange Porree (Lauch)**
- **250 g gekochter Schinken**
- **5 hart gekochte Eier**
- **1 Bund Radieschen**
- **250 g grob geraspelter Gouda**

Für die Salatsauce:

- **350 g Salatmayonnaise**
- **200 ml Schlagsahne**
- **5-6 EL Milch**
- **1 TL Chinagewürz**
- **Salz, Pfeffer**
- **1 Prise Zucker**
- **2 EL gehackte Petersilie**
- **2 Bund Schnittlauchröllchen**

- **16 Cocktailtomaten**

1 Eisbergsalat putzen, halbieren, kurz waschen, in grobe Streifen schneiden und trockenschleudern.

2 Gurke waschen und in Scheiben schneiden. Gemüsezwiebel abziehen, halbieren und in Streifen schneiden. Tomaten waschen, halbieren, die Stängelansätze herausschneiden, die Tomaten in Scheiben schneiden. Porree putzen, waschen, trockentupfen und in feine Ringe schneiden.

3 Schinken in Würfel schneiden. Eier pellen und in Scheiben schneiden. Radieschen putzen, waschen und ebenfalls in Scheiben schneiden.

4 Die Zutaten in der Reihenfolge der Zutaten in eine Springform (Ø 28 cm) füllen, dabei jede Lage etwas andrücken, mit den Käseraspeln abschließen. Die Salattorte zugedeckt und kühl gestellt etwa 12–24 Stunden durchziehen lassen.

5 Die Zutaten für die Salatsauce kurz vor dem Servieren vermischen.

6 Die Salattorte mit den Cocktailtomaten mit kleinen Holzspießchen wie eine Torte garnieren. Den Springformrand vorsichtig lösen, die Torte mit einem Sägemesser oder besser noch mit einem elektrischen Messer in Stücke schneiden. Die Salatsauce separat zur Salattorte reichen.

Tipp:
Einen Teil der Salatmayonnaise durch Naturjoghurt ersetzen.

Matjessalat mit Roter Bete

Zubereitungszeit: 50 Min., ohne Durchziehzeit

Pro Portion:
E: 19 g, F: 27 g, Kh: 12 g, kJ: 1653, kcal: 395

- **12 Matjesfilets (je 60 g)**
- **6 mittelgroße Zwiebeln**
- **8–10 Gewürzgurken**
- **6 große gegarte Pellkartoffeln**
- **6 hart gekochte Eier**
- **1 Glas Rote Bete in Scheiben (220 g Abtropfgewicht)**

Für die Salatsauce:

- **4 EL (etwa 150 g) Salatmayonnaise**
- **450 g Naturjoghurt**
- **125 ml (1/8 l) Schlagsahne**
- **1 gestr. TL Senf**
- **Salz**
- **frisch gemahlener Pfeffer**
- **etwas Zucker**

- **evtl. 3 hart gekochte Eier**
- **evtl. 2 EL gehackte Kräuter, z.B. Dill und Petersilie**

1 Matjesfilets evtl. entgräten, jedes Filet in 4–5 Stücke schneiden. Zwiebel abziehen, halbieren und in Streifen schneiden.

2 Gurken abtropfen lassen, dann in Scheiben schneiden. Kartoffeln pellen, längs halbieren und in Scheiben schneiden. Eier pellen und ebenfalls in Scheiben schneiden. Rote Bete gut abtropfen lassen, evtl. trockentupfen.

3 Für die Salatsauce Mayonnaise, Joghurt und Sahne verrühren, mit Salz, Pfeffer und Zucker abschmecken.

4 Zuerst die Hälfte Matjesstücke in eine Glasschüssel schichten, darauf die Hälfte der Zwiebelscheiben und dann die Hälfte der Gurken-, Kartoffel-, Eier- und Rote-Bete-Scheiben verteilen. Etwas Salatsauce darüberstreichen.

5 Die restlichen Zutaten erneut in der gleichen Reihenfolge einschichten. Mit Salatsauce abschließen. Den Salat gekühlt und zugedeckt 4-6 Stunden durchziehen lassen.

6 Nach Belieben vor dem Servieren Eier pellen, halbieren, fein hacken und zusammen mit den Kräutern über den Salat streuen.

Tipp:
Dazu schmeckt Schwarzbrot oder dunkles Vollkornbrot sehr gut.

Heringssalat

Foto
Zubereitungszeit: 60 Min., ohne Wässer- und Durchziehzeit

Pro Portion:
E: 25 g, F: 29 g, Kh: 7 g, kJ: 1755, kcal: 419

- **6 küchenfertige Salzheringe**
- **1 großes Glas Rote Bete (500 g Abtropfgewicht)**
- **4 Äpfel**
- **4 Zwiebeln**
- **6 Gewürzgurken**
- **300 g Schweinebraten-Aufschnitt**
- **200 g Mayonnaise**
- **125 ml (1/8 l) Schlagsahne**
- **4 EL Himbeersaft**
- **Salz**
- **frisch gemahlener Pfeffer**

1 Salzheringe etwa 24 Stunden wässern, das Wasser ab und zu erneuern.

2 Fische unter fließendem kalten Wasser abspülen, enthäuten, entgräten und in kleine Stücke schneiden.

3 Rote Bete abtropfen lassen. Äpfel schälen, vierteln und entkernen. Zwiebeln abziehen. Alle Zutaten in kleine Würfel schneiden, mit Mayonnaise, Sahne und Himbeersaft vermengen. Den Salat über Nacht durchziehen lassen und mit Salz und Pfeffer abschmecken.

Partyfutter

Zubereitungszeit: 65 Min.

Pro Portion:
E: 25 g, F: 20 g, Kh: 4 g, kJ: 1323, kcal: 316

- **3 Dosen Thunfisch (je 175 g Abtropfgewicht)**
- **9 hart gekochte Eier**
- **500 g Gouda**
- **2 kleine Paprikaschoten**
- **3 kleine Zwiebeln**
- **6 Gewürzgurken**
- **Salz, Pfeffer**
- **3 Prisen Zucker**
- **4 EL Salatmayonnaise**
- **150 g Naturjoghurt**

1 Thunfisch etwas zerpflücken. Eier pellen und in Scheiben schneiden. Käse in Würfel schneiden.

2 Paprika halbieren, entstielen, entkernen, die weißen Scheidewände entfernen, Schoten waschen und in Würfel schneiden. Zwiebel abziehen und würfeln. Gewürzgurke ebenfalls würfeln.

3 Alle Zutaten vermischen, mit Salz, Pfeffer und Zucker abschmecken. Mayonnaise mit Joghurt mischen und unterheben. Den Salat gut durchziehen lassen und vor dem Servieren nochmals abschmecken.

Beigabe:
Zwiebelbrot.

Tipp:
Statt der Gewürzgurken können auch Tomaten, in Scheiben geschnitten, genommen werden. Die Salatzutaten schichten, die Mayonnaise-Joghurt-Mischung als Abschluss darauf verteilen und Schnittlauchröllchen darüberstreuen.

Reis-Gemüse-Salat

Foto
Zubereitungszeit: etwa 45 Min., ohne Abkühlzeit

Pro Portion:
E: 4 g, F: 7 g, Kh: 39 g, kJ: 936, kcal: 224

- **500 g Langkornreis**
- **1 l Gemüsebrühe**
- **1 Staude (etwa 800 g) Staudensellerie**
- **6 Fleischtomaten**
- **1 Bund Frühlingszwiebeln**

Für die Salatsauce:

- **6-8 EL Zitronensaft**
- **Salz, Pfeffer**
- **Chilipulver**
- **einige klein gehackte Pfefferminzeblätter**
- **2 Bund fein gehackter Dill**
- **125 ml (⅛ l) Distelöl**

1 Langkornreis in Gemüsebrühe aufkochen, zugedeckt bei kleinster Hitze etwa 20 Minuten garen. Falls die Flüssigkeit vor der Garzeit verkocht ist, evtl. etwas Wasser hinzufügen. Den Reis abkühlen lassen.

2 Sellerie putzen, die harten Außenfäden abziehen, Sellerie waschen und in feine Scheiben schneiden. Tomaten waschen, die Stängelansätze herausschneiden und die Tomaten in Würfel schneiden.

3 Frühlingszwiebeln putzen, waschen und fein schneiden. Das Gemüse mit dem Reis mischen.

4 Für die Salatsauce Zitronensaft, Salz, Pfeffer, Chili, Pfefferminze, Dill und Öl verrühren. Sauce unter den Salat heben, durchziehen lassen.

Bunter Gemüsesalat

Zubereitungszeit: 40 Min.

Pro Portion:
E: 12 g, F: 16 g, Kh: 9 g, kJ: 1017, kcal: 243

- **1 rote und 1 grüne Paprikaschote**
- **1 Salatgurke**
- **8 Tomaten**
- **4 Zwiebeln**
- **1 Dose Gemüsemais (Abtropfgewicht 340 g)**
- **500 g Gouda am Stück**
- **3 EL Miracel Wip**
- **100 ml Schlagsahne**
- **1 EL Tomatenketchup**
- **1 Prise Zucker**
- **Salz, Pfeffer**
- **1 Schuss Tabasco**
- **½ Bund Schnittlauch**

1 Paprika halbieren, entstielen, entkernen, die weißen Scheidewände entfernen, Schoten waschen und in Würfel schneiden.

2 Gurke gründlich waschen, die Enden abschneiden, Gurke halbieren, entkernen und in kleine Stücke schneiden.

3 Tomaten waschen, halbieren, Stengelanstätze herausschneiden und die Tomatenhälften vierteln.

4 Zwiebeln abziehen und in dünne Ringe schneiden. Mais abtropfen lassen. Käse in Würfel schneiden.

5 Alle Salatzutaten vermischen. Miracel Wip, Sahne, Ketchup, Zucker, Salz, Pfeffer und Tabasco zu einer Sauce verrühren und sie kurz vor dem Servieren über den Salat geben.

6 Schnittlauch abspülen, trockentupfen, in feine Röllchen schneiden und über den Salat streuen.

Kasselersalat

Zubereitungszeit: 60 Min., ohne Durchziehzeit

Pro Portion:
E: 23 g, F: 25 g, Kh: 6 g, kJ: 1539, kcal: 368

- **1 kg gegartes Kasseler (am Stück)**
- **2 Gläser Gewürzgurken (je 180 g Abtropfgewicht)**
- **2 Gläser Senfgurken (je 180 g Abtropfgewicht)**
- **1 Glas Kürbis süß-sauer (385 g Abtropfgewicht)**
- **6 mittelgroße Tomaten**
- **1 Glas Perlzwiebeln (175 g Abtropfgewicht)**

Für die Salatsauce:

- **8 EL Speiseöl**
- **8 EL Kürbisflüssigkeit**
- **2–3 TL Meerrettich**
- **1 TL Zucker**
- **Salz**
- **frisch gemahlener weißer Pfeffer**
- **2–3 EL gehackte Kräuter, z.B. Petersilie, Dill, Schnittlauch, Kerbel**

- **4 hart gekochte Eier**

1 Kasseler zuerst in dickere Scheiben (evtl. mit der Aufschnittmaschine), dann in Würfel schneiden. Gewürz- und Senfgurken auf ein Sieb geben, abtropfen lassen und dann in feine Streifen schneiden.

2 Kürbis auf ein Sieb geben, abtropfen lassen und etwas Flüssigkeit dabei auffangen. Kürbis in feine Würfel schneiden.

3 Tomaten kurze Zeit in kochendes Wasser legen (nicht kochen lassen), in kaltem Wasser abschrecken, enthäuten, vierteln, Stängelansätze herausschneiden, die Tomaten entkernen und in Würfel schneiden. Perlzwiebeln auf ein Sieb geben und abtropfen lassen.

4 Für die Salatsauce Öl mit Kürbisflüssigkeit, Meerrettich, Zucker verrühren, mit Salz, Pfeffer würzen. Kräuter unterrühren und mit den Salatzutaten vermengen. Den Salat gut durchziehen lassen.

5 Eier pellen, achteln, den Salat damit garnieren.

Tipp:
Der Salat kann auch mit Kasseleraufschnitt statt mit gegartem Kasseler zubereitet werden.

Hirtensalat

Zubereitungszeit: 45 Min.

Pro Portion:
E: 13 g, F: 19 g, Kh: 5 g,
kJ: 1040, kcal: 248

- **1 großer Kopf grüner Blattsalat**
- **6 Tomaten**
- **je 2 rote und grüne Paprikaschoten**
- **4 mittelgroße Zwiebeln**
- **50 g grüne Oliven**
- **Saft von 1 Zitrone**
- **4 EL Olivenöl**
- **2 Dosen in Öl eingelegter Thunfisch (je 170 g Abtropfgewicht)**
- **400 g Schafskäse**
- **3–4 EL Zitronensaft**
- **6 EL Olivenöl**
- **Salz**
- **frisch gemahlener Pfeffer**
- **1 Bund glatte Petersilie**
- **3–4 EL gehackte Haselnusskerne**

1 Salat putzen, waschen und gut abtropfen lassen. Tomaten waschen, die Stängelansätze herauslösen und die Tomaten achteln.

2 Paprikaschoten halbieren, entstielen, entkernen, die weißen Scheidewände entfernen, Schoten waschen, in dünne Streifen oder Würfel schneiden.

3 Zwiebeln abziehen und in feine Würfel schneiden. Oliven evtl. entkernen.

4 Eine große Schüssel oder Platte mit den Salatblättern auslegen, mit Zitronensaft und Olivenöl beträufeln. Tomaten, Paprika, Zwiebeln und Oliven darauf verteilen.

5 Thunfisch zerpflücken, Schafskäse klein schneiden und beide Zutaten über den Salat streuen.

6 Den Salat mit Zitronensaft und Olivenöl beträufeln, mit Salz und Pfeffer würzen.

7 Die verlesene, gewaschene und fein gehackte Petersilie mit den Haselnüssen über den Salat streuen und den Salat sofort servieren.

Tipp:
Alle Zutaten vorbereiten und zugedeckt kühl stellen. Kurz vor dem Servieren anrichten.

Beilagen, Saucen & Dips

Diese Beilagen treten aus dem sonstigen Schattendasein heraus und kommen groß raus. Für manche Gäste bedarf es nicht viel mehr als dieser Köstlichkeiten.

Brotmotive

Zubereitungszeit: 40 Min.

Pro Portion:
E: 7 g, F: 2 g, Kh: 31 g, kJ: 714, kcal: 166

- **3 Dosen Baguette-Brötchen (knack & back, je 300 g)**
- **etwas Weizenmehl**
- **Mohn, Sesamsamen, Kürbiskerne, Sonnenblumenkerne**

1 Die Dosen nach Packungsanleitung öffnen, auf einer bemehlten Arbeitsfläche jede Rolle nochmals mit etwas Mehl zu einer Rolle formen.

2 Die Rolle jeweils in 7 Scheiben schneiden und mit der Schnittfläche auf ein mit Backpapier belegtes Backblech legen. Dabei können nach Belieben Motive gelegt werden, wie z. B. ein Baum, Kranz, Schachbrett (mit Mohn und Sesam im Wechsel bestreut) oder eine Traube.

3 Die Brötchen mit Wasser bestreichen und nach Belieben mit Mohn, Sesam, Kürbiskernen oder Sonnenblumenkernen bestreuen. Das Backblech in den Backofen schieben.

Ober-/Unterhitze: etwa 180 °C (vorgeheizt)
Heißluft: etwa 160 °C (vorgeheizt)
Gas: etwa Stufe 3 (vorgeheizt)
Backzeit: 15–20 Min.

Tipp:
Die Brötchen schmecken lauwarm am besten.

Gefüllte Baguettes

Foto
Zubereitungszeit: 35 Min.

Pro Portion:
E: 11 g, F: 17 g, Kh: 21 g,
kJ: 1246, kcal: 298

- **3 Baguettes (je 150 g, zum Aufbacken)**
- **150 g weiche Butter**
- **200 g Käse in Würfel geschnitten, z.B. mittelalter Gouda**
- **200 g Schnippelschinken**
- **je 1 Bund glatte Petersilie und Schnittlauch**
- **1 gestr. EL Paprikapulver edelsüß**
- **frisch gemahlener Pfeffer**

1 Jedes Baguette 8-mal schräg ein-, aber nicht ganz durchschneiden, so dass die Scheiben noch zusammenhalten.

2 Butter mit Käse und Schinken verrühren. Kräuter abspülen, trockentupfen, fein schneiden und unter die Masse geben. Mit Paprika und Pfeffer würzen.

3 Die Masse in die Broteinschnitte füllen, etwas zusammendrücken und auf ein mit Backpapier belegtes Backblech legen. Das Backblech in den Backofen schieben.

Ober-/Unterhitze:
etwa 200 °C (vorgeheizt)
Heißluft: etwa 180 °C
(nicht vorgeheizt)
Gas: Stufe 3–4 (vorgeheizt)
Backzeit: etwa 10 Min.

Tipp:
Etwas schneller geht es, wenn die Baguettes quer halbiert und dann gefüllt werden.

Forellen-Frischkäse-Klösschen

Zubereitungszeit: 20 Min.

Pro Portion:
E: 4 g, F: 8 g, Kh: 1 g,
kJ: 417, kcal: 100

- **4 geräucherte Forellenfilets**
- **200 g Doppelrahm-Frischkäse**
- **1–2 EL Zitronensaft**
- **etwas frisch gemahlener schwarzer Pfeffer**
- **1 TL rosa Pfefferkörner**
- **1 Bund Dill**

1 Forellenfilets mit 2 Gabeln in kleine Stücke zupfen und zusammen mit Frischkäse mit Handrührgerät mit Rührbesen verrühren. Mit Zitronensaft und Pfeffer würzen.

2 Die rosa Pfefferkörner grob zerdrücken und unter den Frischkäse rühren.

3 Dill abspülen, trockentupfen, fein hacken und zuletzt unter die Frischkäsemasse rühren.

4 Mit 2 angefeuchteten Teelöffeln kleine Klößchen abstechen.

Tipp:
Die Forellen-Frischkäse-Klößchen als Beilage zum Salatteller anrichten.

Basilikumkäse

8 Portionen
Zubereitungszeit: 30 Min.

Pro Portion:
E: 8 g, F: 28 g, Kh: 2 g,
kJ: 1249, kcal: 298

- **200 g Schafskäse**
- **150 g weiche Butter**
- **100 ml Schlagsahne**
- **40 g geriebener Parmesan**
- **1 Knoblauchzehe**
- **2 Pck. (je 25 g) TK-Basilikum**
- **25 g geröstete gemahlene Pinienkerne**
- **einige Salatblätter, z. B. Lollo rosso**
- **25 g geröstete Pinienkerne**

1 Schafskäse zerbröseln, mit Butter und Sahne pürieren. Parmesan, abgezogenen und zerdrückten Knoblauch, Basilikum und gemahlene Pinienkerne unterrühren.

2 Die Masse in eine mit Frischhaltefolie ausgelegte runde Schüssel (oder mehrere kleine) geben, glatt streichen und 3–4 Stunden in den Kühlschrank stellen.

3 Den Basilikumkäse auf einen mit Salatblättern ausgelegten Teller stürzen und die Frischhaltefolie abziehen. Mit Pinienkernen bestreuen.

Frischkäse mit Zwiebeln

8 Portionen
Zubereitungszeit: 15 Min.

Pro Portion:
E: 6 g, F: 20 g, Kh: 2 g,
kJ: 915, kcal: 219

- **2 Pck. (je 200 g) Doppelrahm-Frischkäse**
- **100 ml Schlagsahne**
- **frisch gemahl. Pfeffer**
- **2 TL Chinagewürz**
- **4 Frühlingszwiebeln**

1 Frischkäse mit Sahne verrühren, mit Pfeffer und Chinagewürz gut abschmecken.

2 Frühlingszwiebeln putzen, waschen, halbieren und in feine Würfel oder Ringe schneiden. Frühlingszwiebeln (einige zum Garnieren zurückbehalten) unter die Käsecreme mischen.

3 Den Käse in eine Schale geben und die zurückbehaltenen Frühlingszwiebeln daraufstreuen.

Paprika-Frischkäse

8 Portionen
Zubereitungszeit: 15 Min.

Pro Portion:
E: 6 g, F: 20 g, Kh: 3 g,
kJ: 915, kcal: 227

- **400 g Frischkäse**
- **100 ml Schlagsahne**
- **2 TL Paprikapulver edelsüß**
- **Salz, Pfeffer**
- **je 1 kleine rote, grüne und gelbe Paprikaschote**

1 Frischkäse mit Sahne, Paprika, Salz und Pfeffer verrühren.

2 Paprika waschen, putzen, in sehr kleine Würfel schneiden, und unter den Käse heben.

Gefüllte Tomaten, überbacken

Zubereitungszeit: 65 Min.

Pro Portion:
E: 13 g, F: 18 g, Kh: 9 g,
kJ: 1114, kcal: 266

- **12 mittelgroße Fleischtomaten (oder 24 mittelgroße Tomaten)**
- **Salz**
- **frisch gemahlener Pfeffer**

Für die Käse-Staudensellerie-Füllung:

- **200 g Berg- oder Blauschimmelkäse**
- **6 kleinere Stangen Staudensellerie**
- **etwas Currypulver**

Für die Thunfischfüllung:

- **2 Dosen Thunfisch (Abtropfgewicht je 150 g)**
- **200 g gekochter Reis (100 g Rohgewicht)**
- **4 mittelgroße rote Zwiebeln**
- **2 Bund Schnittlauch**
- **3 EL Olivenöl**
- **100 g geraspelter Emmentaler**

1 Tomaten waschen, trockentupfen und quer halbieren. Die Tomaten aushöhlen und das Innere etwas zerkleinern. Die Tomaten innen mit Salz und Pfeffer bestreuen und in eine große, gefettete Auflaufform setzen.

2 Für die Käse-Staudensellerie-Füllung Käse fein würfeln und mit der Hälfte des Tomateninneren mischen.

3 Sellerie putzen, die harten Außenfäden abziehen, Sellerie waschen, in sehr feine Streifen schneiden und zum Käse geben.

4 Die Füllung mit Salz, Pfeffer und Curry abschmecken und in 12 Tomatenhälften bergartig einfüllen.

5 Für die Thunfischfüllung Thunfisch abtropfen lassen, mit Reis und dem restlichen Fruchtfleisch der Tomaten vermischen.

6 Zwiebeln abziehen, halbieren und in Streifen schneiden. Schnittlauch verlesen, abspülen, trockentupfen und in feine Röllchen schneiden.

7 Zwiebeln in Öl andünsten, mit den restlichen Zutaten vermischen. Mit Salz und Pfeffer abschmecken und bergartig in die Tomatenhälften füllen und mit Käse bestreuen. Die Form auf dem Rost in den Backofen schieben.

Ober-/Unterhitze: etwa 180 °C (vorgeheizt)
Heißluft: etwa 160 °C (vorgeheizt)
Gas: etwa Stufe 3 (vorgeheizt)
Backzeit: etwa 15 Min.

Tipps:
Die Käse-Staudensellerie-Füllung kann noch mit etwas gekochtem Wildreis ergänzt werden. Zu der Thunfischfüllung passen auch Mais oder Porreestreifen.

Auberginenröllchen in Tomatensauce

36 Stück
Zubereitungszeit: 75 Min.

Pro Portion:
E: 22 g, F: 42 g, Kh: 9 g,
kJ: 2236, kcal: 534

- **4 große Auberginen (je etwa 300 g)**
- **Salz**
- **6 Kugeln (je 125 g) Mozzarella**
- **1 Topf Basilikum**
- **36 dünne Scheiben Parmaschinken oder roher Schinken**

Für die Tomatensauce:

- **2 Dosen (je 800 g) geschälte Tomaten**
- **2 Dosen (je 400 g) stückige Pizzatomaten**
- **250 g Kräuterbutter**

1 Auberginen putzen, die Stängelansätze herausschneiden, Auberginen waschen und längs in 36 dünne Scheiben schneiden (wer eine Aufschnittmaschine hat, kann es damit sehr gut schneiden). Die Auberginenscheiben auf ein großes Holzbrett legen, mit Salz bestreuen und etwa 15 Minuten durchziehen lassen. Zwischendurch wenden und die andere Seite ebenfalls salzen.

2 Die Auberginenscheiben trockentupfen. Jede Mozzarellakugel in 6 Scheiben schneiden. Basilikum abspülen, trockentupfen und die Blättchen abzupfen. Jeweils eine Scheibe Schinken, Mozzarella und ein Basilikumblatt auf eine Auberginenscheibe legen, aufrollen und mit kleinen Holzspießen feststecken.

3 Für die Tomatensauce Tomaten mit dem Saft zum Kochen bringen, die Hälfte der Kräuterbutter hinzufügen. Die Sauce in eine große Auflaufform geben, die Auberginenröllchen hineinsetzen und die restliche Kräuterbutter in Flöckchen auf den Röllchen verteilen. Die Form auf dem Rost in den Backofen schieben.

Ober-/Unterhitze: 180-200 °C (vorgeheizt)
Heißluft: 160–180 °C (nicht vorgeheizt)
Gas: Stufe 3–4 (vorgeheizt)
Backzeit: etwa 20 Min.

Tipps:
Noch würziger schmecken die Auberginenröllchen, wenn sie vor dem Füllen und Aufrollen in Olivenöl angebraten und mit Knoblauch gewürzt werden. Statt mit Mozzarella und Schinken die Röllchen nur mit Schafskäse füllen.

Überbackene Broccolinudeln

Foto
Zubereitungszeit: 80 Min.

Pro Portion:
E: 19 g, F: 26 g, Kh: 27 g, kJ: 1851, kcal: 442

- **400 g grüne Bandnudeln**
- **1 EL Speiseöl**
- **1½ kg Broccoli**
- **750 ml (¾ l) heiße Gemüsebrühe**
- **400 ml Schlagsahne**
- **6 Eier**
- **250 g geriebener mittelalter Gouda**
- **Salz**
- **Muskatnuss**
- **100 g Pinienkerne**

1 Bandnudeln in reichlich kochendes Salzwasser geben, Öl hinzufügen. Die Nudeln nach Packungsanleitung knapp bissfest garen. Dann die Nudeln kurz abschrecken und abtropfen lassen.

2 Broccoli putzen, waschen, in Röschen teilen und in kochender Gemüsebrühe etwa 15 Minuten garen. Broccoli dann auf ein Sieb geben, die Flüssigkeit dabei auffangen.

3 Broccoli mit den Nudeln mischen, in eine große Auflaufform oder Fettfangschale geben. Sahne, Eier und Gouda mit 250 ml (¼ l) Gemüseflüssigkeit verrühren. Mit Salz und Muskat würzen. Die Eiersahne über die Nudel-Broccoli-Masse gießen. Die Fettfangschale in den Backofen schieben (die Form auf dem Rost).

Ober-/Unterhitze: etwa 180 °C (vorgeheizt)
Heißluft: etwa 160 °C (nicht vorgeheizt)
Gas: etwa Stufe 3 (vorgeheizt)
Backzeit: etwa 35 Min.

4 Pinienkerne in einer Pfanne ohne Fett rösten. Die Pinienkerne über die überbackenen Broccolinudeln streuen.

Bohnen mit Tomaten

Zubereitungszeit: 55 Min.

Pro Portion:
E: 10 g, F: 11 g, Kh: 12 g, kJ: 798, kcal: 190

- **1½ kg TK-Prinzessbohnen**
- **1 Gemüsezwiebel**
- **2 EL Olivenöl**
- **Bohnenkraut, Pfeffer**
- **2 Dosen (je 800 g) geschälte Tomaten**
- **2 Dosen (je 400 g) stückige Tomaten**
- **4 EL Olivenöl**
- **200 g Parmesan**

1 Bohnen tiefgekühlt in kochendes Salzwasser geben, zum Kochen bringen und 6–8 Minuten kochen lassen. Die Bohnen abtropfen lassen, kurz in kaltes Wasser geben und wieder gut abtropfen lassen.

2 Zwiebel abziehen, halbieren, in Streifen schneiden und in Öl andünsten. Die Zwiebelstreifen in eine Fettfangschale geben. Die Bohnen darauf verteilen und mit Bohnenkraut und Pfeffer bestreuen.

3 Tomaten und Tomatenstücke zu den Bohnen geben, Olivenöl darauf verteilen und zugedeckt in den Backofen schieben.

Ober-/Unterhitze: etwa 180 °C (vorgeheizt)
Heißluft: etwa 160 °C (nicht vorgeheizt)
Gas: etwa Stufe 3 (vorgeheizt)
Backzeit: etwa 35 Min.

4 Das Gemüse mit gehobeltem Parmesan bestreuen.

Spaghettinester in Sahnesauce

Zubereitungszeit: 65 Min.

Pro Portion:
E: 11 g, F: 19 g, Kh: 36 g,
kJ: 1569, kcal: 375

- **500 g Spaghettinester (Kochzeit: 3 Min.)**
- **6 mittelgroße Möhren**
- **3 Stangen Porree (Lauch)**
- **500 ml (½ l) Schlagsahne**
- **500 ml (½ l) Gemüsebrühe**
- **Salz, Pfeffer**
- **Paprika edelsüß**
- **200 g geriebener mittelalter Gouda**
- **40 g geriebener Parmesan**
- **2 EL Schnittlauchröllchen**

1 Die Spaghettinester ungekocht in eine gefettete Fettfangschale oder in eine große Auflaufform legen.

2 Möhren putzen, schälen, waschen und in sehr feine Streifen schneiden. Porree putzen, halbieren, waschen und ebenfalls in feine Streifen schneiden. Das Gemüse in die Nudelnester geben, den Rest darum verteilen.

3 Sahne und Brühe verrühren, mit Salz, Pfeffer und Paprika kräftig würzen und über die Nudelnester gießen. Die Nester mit Käse bestreuen und in die Fettfangschale in den Backofen schieben.

Ober-/Unterhitze: 180–200 °C (vorgeheizt)
Heißluft: 160–180 °C (nicht vorgeheizt)
Gas: Stufe 3–4 (vorgeheizt)
Backzeit: 25–30 Min.

4 Die Spaghettinester mit Schnittlauch bestreut servieren.

Grüne Nudeln in Tomatensauce

Zubereitungszeit: 55 Min.

Pro Portion:
E: 11 g, F: 6 g, Kh: 32 g,
kJ: 988, kcal: 236

- **375 g grüne Bandnudeln mit Spinat (Kochzeit: 6 Min.)**
- **2 Pck. (je 500 g) passierte Tomaten**
- **1 l Gemüsebrühe**
- **5 abgezogene, zerdrückte Knoblauchzehen**
- **Salz, Pfeffer**
- **gerebelter Majoran**
- **Paprikapulver edelsüß**
- **4 Fleischtomaten**
- **2 rote Peperoni**
- **2 mittelgroße Zucchini**
- **40 g geriebener Parmesan**
- **150 g geriebener Pizzakäse**
- **4 EL Basilikumstreifen**

1 Nudeln ungekocht in eine große Auflaufform geben. Passierte Tomaten, Brühe, Knoblauch, Salz, Pfeffer, Majoran und Paprika verrühren und über die Nudeln geben.

2 Tomaten enthäuten, Stängelansätze entfernen und die Tomaten würfeln. Peperoni waschen, halbieren und fein würfeln. Zucchini putzen, waschen und in kleine Würfel schneiden.

3 Das Gemüse über den Nudeln verteilen, mit beiden Käsesorten bestreuen.

Ober-/Unterhitze: etwa 180 °C (vorgeheizt)
Heißluft: etwa 160 °C (vorgeheizt)
Gas: etwa Stufe 3 (vorgeheizt)
Backzeit: etwa 20 Min.

4 Die Nudeln mit Basilikum bestreut servieren.

Kartoffel-Quark-Taler

Foto
Zubereitungszeit: 95 Min.

Pro Portion:
E: 19 g, F: 10 g, Kh: 43 g, kJ: 1515, kcal: 361

- **1½ kg mehligkochende Kartoffeln**
- **1 kg Magerquark**
- **3 Eier (Größe L)**
- **Salz**
- **geriebene Muskatnuss**
- **gerebelter Majoran**
- **350 g Weizenmehl**
- **abgezogene, gehackte und gehobelte Mandeln**
- **Sesamsamen**
- **Sonnenblumenkerne**
- **150 g Butterschmalz**

1 Die Kartoffeln gründlich abspülen, in etwa 25 Minuten gar kochen lassen, abgießen, mit kaltem Wasser übergießen, heiß pellen, durch die Kartoffelpresse geben und abkühlen lassen.

2 Quark mit Eiern verrühren, mit Salz, Muskat und Majoran würzen und in die Kartoffelmasse geben und verrühren. Mehl unterkneten, aus dem Teig mit bemehlten Händen Bällchen formen und diese in Mandeln, Sesam und Sonnenblumenkernen wenden. Die Bällchen leicht flach drücken, so dass Taler entstehen.

3 Butterschmalz erhitzen, die Taler darin von allen Seiten bei mittlerer Hitze in etwa 8 Minuten goldbraun braten lassen.

Tipp:
Die Kartoffel-Quark-Taler einige Tage vorher zubereiten und abgekühlt einfrieren. Vor dem Aufbacken die Taler etwa 30 Minuten antauen lassen und im Backofen bei etwa 180 °C (Heißluft: etwa 160 °C, Gas: Stufe 3–4) etwa 12 Minuten aufbacken.

Kartoffeln im Speckmantel

Zubereitungszeit: 75 Min.

Pro Portion:
E: 5 g, F: 14 g, Kh: 21 g, kJ: 984, kcal: 235

- **1½ kg neue kleine Kartoffeln**
- **250 g Frühstücksspeck (Bacon, in Scheiben)**
- **3 TL gemahlener Kümmel**
- **frisch gemahlener Pfeffer**
- **800 g kleine Tomaten**

1 Kartoffeln waschen, in Salzwasser zum Kochen bringen, in etwa 20 Minuten gar kochen lassen, abgießen, kalt abschrecken und pellen.

2 Speck nach Belieben längs halbieren, mit Kümmel und Pfeffer bestreuen. Etwa die Hälfte der Kartoffeln mit den Speckscheiben umwickeln, abwechselnd bewickelte und unbewickelte Kartoffeln nebeneinander auf ein gefettetes Backblech oder in eine große Auflaufform legen.

3 Tomaten waschen, abtrocknen, über Kreuz einschneiden, gleichmäßig zwischen die Kartoffeln setzen, das Backblech in den Backofen schieben (die Form auf dem Rost).

Ober-/Unterhitze: 200–220 °C (vorgeheizt)
Heißluft: 180–200 °C (nicht vorgeheizt)
Gas: Stufe 3–4 (vorgeheizt)
Backzeit: etwa 25 Min.

Gratinierte Gemüsekartoffeln

Foto
Zubereitungszeit: 60 Min.

Pro Portion:
E: 8 g, F: 11 g, Kh: 43 g, kJ: 1284, kcal: 306

- **12 große Kartoffeln (je 200 g)**
- **500 g Kartoffeln**
- **6 Möhren**
- **500 g Knollensellerie**
- **250 ml (¼ l) heiße Milch**
- **100 g Butter**
- **Salz**
- **frisch gemahlener Pfeffer**
- **geriebene Muskatnuss**
- **2 Eier**
- **4 EL Schlagsahne**

1 Große Kartoffeln gut waschen und bürsten, längs halbieren und in Salzwasser etwa 20 Minuten kochen, abgießen und etwas abkühlen lassen. Die Kartoffeln aushöhlen, so dass ein Rand von ½ cm stehen bleibt.

2 Die anderen Kartoffeln (500 g) schälen, waschen und in Würfel schneiden. Möhren und Sellerie putzen, schälen, waschen und in feine Würfel schneiden. Die Gemüse- und Kartoffelwürfel etwa 15 Minuten in Salzwasser (oder Gemüsebrühe) garen.

3 Das Gemüse auf einem Sieb abtropfen lassen und mit der ausgehöhlten Kartoffelmasse durch die Kartoffelpresse geben. Milch und Butter in das Kartoffel-Gemüse-Püree geben und mit Salz, Pfeffer und Muskat abschmecken.

4 Das Püree in einen Spritzbeutel mit großer, gezackter Tülle füllen. Die Kartoffelhälften auf ein gefettetes Backblech legen und das Püree in die Kartoffelhälften spritzen. Eier mit Sahne verquirlen, über das Püree träufeln und im Backofengrill etwa 4 Minuten gratinieren.

Tipp:
Die Kartoffeln können auch vorbereitet werden, so dass sie dann kurz vor dem Servieren nur noch gratiniert werden müssen.

Kartoffelgratin

Zubereitungszeit: 80 Min.

Pro Portion:
E: 20 g, F: 58 g, Kh: 35 g, kJ: 3221, kcal: 769

- **2½ kg Pellkartoffeln**
- **Salz, Pfeffer**
- **geriebene Muskatnuss**
- **500 g durchwachsener Speck**
- **4 Becher (je 200 g) Schmand**
- **200 ml Schlagsahne**
- **etwa 500 g geriebener Gouda**

1 Kartoffeln pellen, in Scheiben schneiden und in eine gefettete Fettfangschale geben. Mit Salz, Pfeffer und Muskat bestreuen.

2 Speck in Würfel schneiden und auslassen. Die ausgelassenen Speckwürfel mit den Kartoffeln vermischen.

3 Schmand mit Sahne verrühren und über den Kartoffeln verteilen. Käse darüberstreuen. Die Fettfangschale in den Backofen schieben.

Ober-/Unterhitze: 180–200 °C (vorgeheizt)
Heißluft: 160–180 °C (nicht vorgeheizt)
Gas: Stufe 3–4 (vorgeheizt)
Backzeit: etwa 40 Min.

Mandel-Safran-Reis

Zubereitungszeit: 70 Min.

Pro Portion:
E: 9 g, F: 15 g, Kh: 62 g, kJ: 1837, kcal: 438

- **200 g ganze Mandeln (mit Schale)**
- **knapp 1 kg Möhren**
- **2 Stangen Porree (Lauch)**
- **3 Zwiebeln**
- **5 EL Distelöl**
- **500 g Langkornreis**
- **2 gestr. TL Safranpulver**
- **Salz**
- **frisch gemahlener Pfeffer**
- **1½ l Gemüsebrühe**
- **250 g getrocknete gewürfelte Aprikosen**
- **200 g Rosinen**
- **gemahlener Kreuzkümmel (Cumin)**

1 Mandeln mit kochendem Wasser überbrühen, kurz ziehen lassen, dann abgießen, kurz kalt abspülen und die Haut abziehen.

2 Möhren putzen, schälen, waschen und in etwas dickere Scheiben schneiden. Porree putzen, halbieren, waschen und in Streifen schneiden.

3 Zwiebeln abziehen, in feine Würfel schneiden und in einem Bräter in Distelöl andünsten. Reis und Safranpulver dazugeben, mit Salz und Pfeffer würzen, ebenfalls kurz andünsten und dann mit Gemüsebrühe auffüllen.

4 Aprikosen, Rosinen, Möhren, Mandeln und Porree zum Reis geben, mit Kreuzkümmel und Salz abschmecken. Das Ganze einmal aufkochen lassen, dann zugedeckt etwa 25 Minuten bei kleiner Hitze garen (Kochzeit der Packungsanleitung des Reises beachten) und sofort servieren.

Tipps:
Der Reis schmeckt auch gut mit Pistazienkernen statt der Mandeln. Er kann als Beilage zu kurzgebratenem Fleisch gereicht oder als vegetarische Mahlzeit mit Baguette serviert werden.

Sauce Tatare

Foto
Zubereitungszeit: 35 Min.

Pro Portion:
E: 4 g, F: 12 g, Kh: 5 g, kJ: 642, kcal: 153

- **6 kleine Zwiebeln**
- **1 Gläschen oder Dose Kapern (Abtropfgewicht 20 g)**
- **4 hart gekochte Eier**
- **6 Gewürzgurken**
- **5 EL gehackte Kräuter, z. B. Petersilie, Dill, Kerbel**
- **250 g Salatmayonnaise**
- **1 Becher (150 g) Crème fraîche**
- **Salz, Pfeffer**

1 Zwiebeln abziehen und fein würfeln. Kapern sehr fein hacken. Die Eier pellen und ebenfalls hacken. Die Gewürzgurken in feine Würfel schneiden.

2 Die Zutaten zusammen mit Kräutern, Mayonnaise und Crème fraîche verrühren und mit Salz und Pfeffer abschmecken.

Tipps:
Zu gegrilltem Fleisch, Fisch reichen oder als Salatsauce verwenden. Noch aromatischer wird die Sauce, wenn die Schüssel vorher mit einer abgezogenen Knoblauchzehe eingerieben wird.

Eier-Senf-Häckerle

Zubereitungszeit: 30 Min.

Pro Portion:
E: 6 g, F: 12 g, Kh: 3 g, kJ: 646, kcal: 154

- **8 hart gekochte Eier**
- **2 kleine rote Paprika**
- **2 kleine rote Zwiebeln**
- **200 g Senfgurken**
- **150 g Mayonnaise**
- **150 g Crème fraîche**
- **2 EL abgetropfte Kapern**
- **4 TL Dijon-Senf**
- **Salz, Pfeffer**

1 Eier pellen und sehr fein hacken. Paprika halbieren, entstielen, entkernen, die weißen Scheidewände entfernen, Schoten waschen und fein würfeln. Zwiebeln abziehen, Zwiebel und Senfgurken ebenfalls fein würfeln.

2 Mayonnaise mit Crème fraîche, Kapern und Senf verrühren. Die Mayonnaise vorsichtig unter die klein gehackten Zutaten mischen. Das Häckerle mit Salz und Pfeffer abschmecken.

Kängurucreme

Zubereitungszeit: 15 Min., ohne Durchziehzeit

Pro Portion:
E: 5 g, F: 18 g, Kh: 5 g, kJ: 881, kcal: 211

- **1 Tüte klare Zwiebelsuppe, z.B. von Maggi oder Knorr**
- **400 g Schmand**
- **400 g Doppelrahm-Frischkäse**

1 Das Tütensuppenpulver in der Tüte etwas zerdrücken.

2 Die drei Zutaten miteinander vermischen und 6–24 Stunden durchziehen lassen.

Tomaten-Pfeffer-Sauce

Foto
Zubereitungszeit: 25 Min.

Pro Portion:
E: 1 g, F: 5 g, Kh: 6 g,
kJ: 328, kcal: 78

- **6 Tomaten**
- **200 ml Tomatenketchup**
- **1 Dose (400 g) stückige Tomaten**
- **2 TL grüne Pfefferkörner**
- **5 EL Olivenöl**
- **1–2 TL geriebener Meerrettich**
- **Salz**
- **2 TL Kerbelblättchen**

1 Tomaten kurze Zeit in kochend-heißes Wasser legen (nicht kochen lassen), mit kaltem Wasser abschrecken, enthäuten, die Stängelansätze entfernen und die Tomaten in kleine Würfel schneiden.

2 Die Tomatenwürfel mit Ketchup, Tomatenstücken mit Saft und Pfefferkörnern mischen. Öl unterrühren. Die Sauce mit Meerrettich und Salz würzen und Kerbelblättchen unterrühren.

Salsa verde

Zubereitungszeit: 30 Min.

Pro Portion:
E: 1 g, F: 13 g, Kh: 1 g,
kJ: 544, kcal: 130

- **3 kleine Zwiebeln**
- **3 Knoblauchzehen**
- **Salz**
- **6 Sardellen- oder Anchovisfilets (a. d. Dose)**
- **3 EL abgetropfte Kapern**
- **6 Bund Petersilie**
- **12 EL Olivenöl**
- **Saft von 1½ Zitronen**
- **frisch gemahlener Pfeffer**

1 Zwiebeln und Knoblauch abziehen. Zwiebel fein hacken, Knoblauch mit Salz zerdrücken. Sardellenfilets unter fließendem kalten Wasser abspülen, trockentupfen und in sehr feine Würfel schneiden. Kapern hacken. Petersilie verlesen, abspülen, trockentupfen und hacken.

2 Alle Zutaten in eine Schüssel geben. Öl und Zitronensaft hinzugießen und gut verrühren. Die Salsa verde mit Salz und Pfeffer abschmecken. Im Kühlschrank zugedeckt etwa 30 Minuten durchziehen lassen.

Knoblauch-Dip

Zubereitungszeit: 25 Min.

Pro Portion:
E: 4 g, F: 11 g, Kh: 3 g,
kJ: 569, kcal: 136

- **8 Knoblauchzehen**
- **Salz**
- **frisch gemahlener Pfeffer**
- **250 g Magerquark**
- **450–500 g Crème fraîche**
- **3 abgezogene, in Würfel geschnittene Fleischtomaten**
- **3–4 EL Schnittlauchröllchen**

1 Knoblauch abziehen, mit Salz bestreuen und mit einem flachen Messer zerdrücken.

2 Das Knoblauchmus mit den übrigen Zutaten zu einem Dip verrühren.

Griechische Käsesauce

Foto
Zubereitungszeit: 20 Min.

Pro Portion:
E: 5 g, F: 8 g, Kh: 2 g,
kJ: 432, kcal: 103

- **300 g Schafskäse**
- **250 ml (¼ l) griechischer Joghurt (oder Sahnedickmilch)**
- **4 Knoblauchzehen**
- **10 schwarze Oliven**
- **3 Frühlingszwiebeln**
- **Salz, Pfeffer**

1 Schafskäse mit einer Gabel zerdrücken, mit Joghurt vermengen und im Mixer pürieren.

2 Knoblauch abziehen und zerdrücken.

3 Oliven entkernen und fein hacken.

4 Frühlingszwiebeln putzen, waschen und in Ringe schneiden. Die drei Zutaten (einige Frühlingszwiebelringe zurückbehalten) unter die Sauce rühren, mit Salz und Pfeffer würzen und kalt stellen. Mit Frühlingszwiebelringen bestreuen.

Frischkäse-Gurken-Dip

Zubereitungszeit: 30 Min.

Pro Portion:
E: 9 g, F: 17 g, Kh: 5 g,
kJ: 912, kcal: 217

- **1 große Salatgurke (etwa 1 kg)**
- **300 g saure Sahne**
- **600 g Kräuterfrischkäse**
- **3–4 EL Zitronensaft**
- **3 EL rote getrocknete Pfefferbeeren**
- **frisch gemahlener weißer Pfeffer**
- **Salz**

1 Gurke waschen, halbieren und in kleine Würfel schneiden.

2 Saure Sahne mit Kräuterfrischkäse, Zitronensaft, Pfefferbeeren und Gurkenwürfeln verrühren. Den Dip mit Salz und Pfeffer abschmecken.

Oliven-Dip

Zubereitungszeit: 35 Min.

Pro Portion:
E: 5 g, F: 15 g, Kh: 2 g,
kJ: 722, kcal: 172

- **200 g schwarze Oliven**
- **1 Topf Basilikum**
- **4 große Knoblauchzehen**
- **500 g Speisequark, 40 %**
- **6 EL Tomatenmark**
- **8 EL kaltgepresstes Olivenöl**
- **Salz**
- **frisch gemahlener Pfeffer**

1 Oliven entsteinen, sehr fein hacken oder pürieren. Basilikum abspülen, trockentupfen, die Blättchen von den Stielen zupfen und fein hacken. Knoblauch abziehen und durch die Knoblauchpresse drücken.

2 Die drei Zutaten mit Quark, Tomatenmark und Olivenöl verrühren, mit Salz und Pfeffer abschmecken.

Stilton-Dip

Foto
Zubereitungszeit: 35 Min.

Pro Portion:
E: 6 g, F: 21 g, Kh: 3 g,
kJ: 1033, kcal: 247

- **5 Frühlingszwiebeln**
- **3 Stangen Staudensellerie**
- **125 ml (⅛ l) Portwein**
- **250 g Crème fraîche**
- **250 ml (¼ l) Schlagsahne**
- **250 g Stilton-Käse oder anderer Blauschimmelkäse**
- **Salz**
- **frisch gemahlener weißer Pfeffer**

1 Frühlingszwiebeln putzen und waschen. Staudensellerie putzen, harte Außenfäden abziehen, Sellerie waschen.

2 Beide Zutaten grob zerkleinern, mit Portwein, Crème fraîche und Sahne pürieren. Käse gut zerdrücken, evtl. pürieren und unterrühren. Dip mit Salz und Pfeffer abschmecken.

Tipp:
Zu Blattsalaten und rohem Gemüse reichen.

Avocado-Quark-Dip

Zubereitungszeit: 40 Min.

Pro Portion:
E: 15 g, F: 18 g, Kh: 13 g,
kJ: 1226, kcal: 293

- **6 EL Zitronensaft**
- **Meersalz**
- **frisch gemahlener Pfeffer**
- **Cayennepfeffer**
- **2 EL Honig**
- **4 reife Avocados**
- **5 enthäutete Fleischtomaten**
- **5 Zwiebeln**
- **4 kleine rote Paprikaschoten**
- **1 kg Magerquark**
- **Paprika edelsüß**
- **4–5 EL gehackte Petersilie**
- **6 EL geschälte Sonnenblumenkerne**

1 Zitronensaft mit Salz, Pfeffer, Cayennepfeffer und Honig verrühren.

2 Avocados längs halbieren, entsteinen, schälen. Fleischtomate halbieren, die Stängelansätze herausschneiden, Tomaten entkernen. Beide Zutaten in kleine Würfel schneiden.

3 Zwiebeln abziehen und fein reiben. Paprikaschote halbieren, entkernen, die weißen Scheidewände entfernen, waschen, fein würfeln.

4 Alle Zutaten unter den Quark rühren, mit Paprika und Petersilie abschmecken. Sonnenblumenkerne in einer Pfanne ohne Fett goldgelb rösten und über den Dip streuen.

Tipp:
Der Avocado-Quark-Dip schmeckt gut zu gebratenen Lammkoteletts oder zu Filets.

Der süsse Abschluss

Ob heiß aus dem Backofen oder eisgekühlt aus dem Gefrierschrank: Der süße Abschluss bildet noch einmal einen kulinarischen Höhepunkt eines jeden Essens, egal zu welcher Jahreszeit.

Erdbeer-Tiramisu

Zubereitungszeit: 40 Min.

Pro Portion:
E: 6 g, F: 26 g, Kh: 47 g, kJ: 2056, kcal: 490

- **500 g Cantuccini (italienisches Mandelgebäck)**
- **150 ml frisch gepresster Orangensaft**
- **150 ml Orangenlikör**
- **500 g Erdbeeren**
- **50 g gesiebter Puderzucker**
- **3–4 Becher (je 250 ml) Schlagsahne**
- **450 g Naturjoghurt**
- **2 Becher (je 125 g) Crème double**

1 Cantuccini in eine große Auflaufform legen. Orangensaft und -likör mischen und die Cantuccini damit beträufeln.

2 Erdbeeren waschen, putzen und gut trockentupfen. Die Erdbeeren halbieren und mit der Schnittfläche nach unten auf die Cantuccini legen. Mit Puderzucker oder Zucker bestreuen.

3 Sahne steif schlagen, Joghurt und Crème double unterrühren, die Masse auf die Erdbeeren streichen und etwa 3 Stunden kühl stellen.

Tipps:
Nach Belieben das Tiramisu vor dem Servieren mit Kakao bestäuben. Statt Orangenlikör kann auch Orangensaft genommen werden. Wer die Tiramisu am Vortag schon zubereiten möchte, sollte 4 Blatt weiße Gelatine (nach Packungsanleitung verarbeitet) unter die Joghurtmasse geben.

Joghurt-Aprikosen-Gelee

Foto
Zubereitungszeit: 35 Min., ohne Gelierzeit

Pro Portion:
E: 5 g, F: 9 g, Kh: 33 g, kJ: 1000, kcal: 239

- **1 Dose Aprikosen (Abtropfgewicht 480 g)**
- **2 Pck. Gelatine gemahlen, weiß**
- **10 EL Aprikosensaft**
- **750 g Joghurt**
- **250 ml (¼ l) Schlagsahne**
- **150 g Zucker**
- **2 Pck. Vanillin-Zucker**
- **abgeriebene Schale und Saft von 1 Zitrone (unbehandelt)**
- **4 Blatt weiße Gelatine**
- **3 EL Zitronensaft**
- **80 g Zucker**

1 Aprikosen abtropfen lassen, den Saft dabei auffangen. Gelatine mit 10 Esslöffeln Aprikosensaft anrühren, nach Packungsanleitung quellen lassen und unter Rühren erwärmen, bis sie gelöst ist.

2 Joghurt mit Sahne, Zucker, Vanillin-Zucker, Zitronenschale und -saft verschlagen. Zunächst 3 Esslöffel davon mit der Gelatinelösung verrühren, unter die übrige Speise rühren. Die Masse in 12 hohe Gläser füllen und kalt stellen, damit sie fest wird.

3 Aprikosen mit etwas Saft und Zucker pürieren. Gelatine nach Packungsanleitung quellen lassen und dann unter Rühren erwärmen, bis sie gelöst ist.

4 Zuerst etwas Aprikosenpüree unter die Gelatine rühren, dann die Gelatine zu dem restlichen Püree geben. Das Aprikosenmus über das feste Joghurtgelee geben und fest werden lassen.

Tipp:
Die Aprikosen ohne Gelatine zubereiten und als Fruchtsauce über das Joghurtgelee geben.

Griess-Speise

Zubereitungszeit: 25 Min., ohne Abkühlzeit

Pro Portion:
E: 6 g, F: 18 g, Kh: 28 g, kJ: 1356, kcal: 323

- **1½ l Milch**
- **3 Pck. Garant Grieß-Pudding (für 500 ml Milch),**
- **500 ml (½ l) Schlagsahne**

1 Milch in einem Topf zum Kochen bringen. Den Topf von der Kochstelle nehmen, Grieß-Pudding hinzufügen und 1 Minute gut verrühren. Den Grießpudding in eine Schüssel geben, Amaretto unterrühren, den Pudding mit Frischhaltefolie zudecken und etwas abkühlen lassen.

2 Amaretti je nach Größe grob zerbröseln oder ganz lassen und zusammen mit steifgeschlagener Sahne in den Grießpudding rühren.

3 Den Grießpudding in eine große Schüssel füllen oder in 12 Dessertschälchen verteilen und mindestens 1 Stunde kühl stellen. Nach Belieben mit Amaretti garnieren.

Tipp:
Aprikosen-, Kirsch- oder Pflaumenkompott mit Speisestärke andicken und dazureichen.

Quarkschichtspeise

Foto
Zubereitungszeit: 60 Min., ohne Kühlzeit

Pro Portion:
E: 14 g, F: 17 g, Kh: 36 g, kJ: 1535, kcal: 367

- **1 kg Magerquark**
- **250 g Crème double**
- **150 g Zucker**
- **100 ml Zitronensaft**
- **100 ml Blutorangensaft (frisch gepresst oder fertig gekauft)**
- **300 g Löffelbiskuit**
- **200 ml Maracujasaft**
- **250 ml (¼ l) Schlagsahne**
- **2 TL Zucker**
- **2 Orangen (unbehandelt)**

1 Quark und Crème double mit Zucker verrühren und in zwei Portionen teilen. Eine Hälfte mit Zitronensaft vermischen, die andere mit Blutorangensaft verrühren. Nach Geschmack noch etwas Zucker hinzufügen.

2 Zwei hohe Glasschüsseln (je etwa 1 l Inhalt) mit je einem Viertel der Löffelbiskuits auslegen und mit je 2 Esslöffeln Maracujasaft beträufeln.

3 Die Hälfte der Blutorangencreme auf die Löffelbiskuits streichen, wieder mit einem Viertel Biskuit belegen, mit Saft beträufeln und die Zitronencreme darauf verteilen. Wieder Biskuit, Orangencreme, Biskuit und schließlich Zitronencreme einschichten. Dabei die Biskuits mit je 2 Esslöffeln Saft beträufeln. Speise mit Frischhaltefolie zudecken und mindestens 3 Stunden gut kühlen.

4 Zur Dekoration Sahne mit Zucker steif schlagen und in großen Tupfern rundherum auf die Creme setzen. Mit einem Zestenreißer oder einem scharfen Messer von der Orange die Schale in dünnen Fäden reißen/schneiden und auf die Tuffs streuen.

Tipps:
Statt der Schale kandierte Orangenscheiben vierteln und auf die Tuffs setzen. Wenn der Blutorangensaft nicht genügend färbt, die Creme mit Rote-Bete-Saft oder Erdbeersirup färben.

Quark-Vanille-Creme

Zubereitungszeit: 25 Min.

Pro Portion:
E: 15 g, F: 11 g, Kh: 19 g, kJ: 1039, kcal: 248

- **1 kg Magerquark**
- **60 g Zucker**
- **4 Becher (je 250 g) Sahne-Vanille-Sauce**
- **evtl. bis zu 250 ml (¼ l) Milch**
- **250 ml (¼ l) Schlagsahne**
- **Schokoraspel**

1 Quark mit Zucker verrühren, Sahne-Vanille-Sauce unterrühren. Evtl., falls der Quark zu fest ist, Milch (Milchmenge je nach Konsistenz des Quarks) hinzufügen. Den Quark in eine Schüssel geben.

2 Sahne steif schlagen und in einen Spritzbeutel geben. Die Creme mit der Sahne verzieren. Mit Schokostreuseln bestreuen.

Tipp:
Dazu Obstsalat oder Früchte der Saison reichen.

Orangen-Herrencreme

15 Portionen

Zubereitungszeit: 40 Min., ohne Abkühlzeit

Pro Portion:
E: 7 g, F: 27 g, Kh: 54 g, kJ: 2074 , kcal: 495

- **8 Blatt weiße Gelatine**
- **1½ l Milch**
- **4 Pck. Pudding-Pulver mit Vanille-Geschmack**
- **160 g Zucker**
- **500 ml (½ l) frisch ausgepresster Orangensaft**
- **1–2 Pck. geriebene Orangenfrucht mit Rohrzucker (von Dr. Oetker)**
- **300 g Zartbitter-Schokolade**
- **750 ml (¾ l) Schlagsahne**
- **50 g Zartbitter-Schokoladenraspel zum Bestreuen**
- **einige filetierte Orangenscheiben oder -viertel zum Garnieren**

1 Gelatine nach Packungsanleitung einweichen. 1 Liter Milch zum Kochen bringen, mit der restlichen Milch Pudding-Pulver und Zucker anrühren, in die kochende Milch rühren und unter Rühren aufkochen lassen. Orangensaft hinzufügen und unter Rühren nochmals aufkochen lassen.

2 Die eingeweichte Gelatine ausdrücken und mit der Orangenfrucht unter den heißen Pudding rühren. Den Pudding in eine Schüssel umfüllen und sofort mit Frischhaltefolie zudecken, damit sich keine Haut auf dem Pudding bildet.

3 Schokolade in kleine Stücke hacken. Sahne steif schlagen. Den erkalteten Pudding mit Handrührgerät mit Rührbesen aufschlagen, evtl. durch ein Sieb streichen (falls sich Klümpchen gebildet haben sollten). Die Schokostückchen und die Sahne unterheben.

4 Den Pudding in eine Servierschüssel füllen, mit Schokoladenraspeln und Orangenscheiben oder -vierteln garnieren.

Tipps:
Statt der Päckchen Orangenfrucht kann auch die Schale von 2 unbehandelten Orangen genommen werden. Schokoladenraspel können fertig gekauft, aber auch sehr gut selbst gemacht werden: Dazu mit einem Sparschäler an einer gut gekühlten Schokolade entlangschaben.

Himbeer-Baiser-Speise

Foto
Zubereitungszeit: 40 Min.

Pro Portion:
E: 3 g, F: 21 g, Kh: 19 g, kJ: 1305, kcal: 312

- **1 kg Himbeeren**
- **100 ml Himbeergeist**
- **200 g Baiser**
- **800 ml Schlagsahne**
- **3 Pck. Vanillin-Zucker**

1 Himbeeren verlesen, mit Himbeergeist beträufeln und etwas durchziehen lassen. Baiser grob zerbröckeln. Sahne mit Vanillin-Zucker steif schlagen.

2 Die Zutaten in eine Glasschüssel schichten, die letzte Schicht sollte aus Himbeeren bestehen. Die Speise sofort servieren.

Tipps:
Die geschichtete Speise sollte höchstens 20 Minuten stehen; der Arbeitsschritt 1 kann aber schon vorbereitet werden. Erst kurz vor dem Servieren den 2. Arbeitsschritt ausführen. Wer auf Alkohol verzichten möchte, kann statt Himbeergeist die gleiche Menge Himbeersirup verwenden.

Mascarpone-Amaretti-Dessert

Zubereitungszeit: 40 Min.

Pro Portion:
E: 6 g, F: 40 g, Kh: 47 g, kJ: 2518, kcal: 601

- **1 kg grüne, kernlose Weintrauben**
- **250 g Amaretti**
- **gut 250 ml (¼ l) Weißwein**
- **500 g Mascarpone**
- **300 g Naturjoghurt**
- **125 g Zucker**
- **abgeriebene Schale und Saft von 1 Zitrone (unbehandelt)**
- **750 ml (¾ l) Schlagsahne**
- **etwas Kakaopulver**

1 Weintrauben waschen, trockentupfen und halbieren. Ein Viertel der Weintrauben in eine große oder 12 kleine Schalen oder Gläser verteilen, ebenso ein Viertel der Amaretti darüber schichten und mit etwas Weißwein beträufeln.

2 Mascarpone mit Joghurt, Zucker, Zitronenschale und -saft verrühren. Sahne steif schlagen und unterheben.

3 Einen Teil der Mascarponecreme über die Weintrauben und Amaretti geben, abwechselnd die restlichen Zutaten (einige Amaretti zum Garnieren zurückbehalten) weiter so einschichten, bis sie aufgebraucht sind, mit Mascarponecreme abschließen. Vor dem Servieren mit Kakao bestäuben.

Tipp:
Wenn der Nachtisch auch für Kinder gedacht ist, einfach den Weißwein weglassen und etwas Apfelsaft nehmen.

Vanillebirnen mit Brombeersauce

Zubereitungszeit: 70 Min., ohne Abkühlzeit

Pro Portion:
E: 2 g, F: 0,5 g, Kh: 69 g, kJ: 1319, kcal: 315

- **12 feste Birnen**
- **2 Vanilleschoten**
- **2 Zitronen (unbehandelt)**
- **150 g Zucker**
- **1 l Wasser**

Für die Brombeersauce:

- **1 kg TK-Brombeeren**
- **150 g gesiebter Puderzucker**
- **250 ml (¼ l) Rotwein**
- **2 Orangen (unbehandelt)**
- **4 EL Kirschwasser**

- **1 l Vanilleeis**

1 Birnen schälen, halbieren und entkernen. Vanilleschoten längs aufschneiden. Zitronen in Scheiben schneiden. Birnen, Vanillestangen und Zitronenscheiben mit Zucker und Wasser zum Kochen bringen. Birnen 8–10 Minuten darin dünsten und in der Flüssigkeit abkühlen lassen.

2 Für die Brombeersauce Brombeeren bei Zimmertemperatur auftauen lassen.

Abwandlung:
Vanilleeis kann auch selbst zubereitet werden: 8 Eigelb (Größe M) mit 6 Esslöffeln Schlagsahne (von 1 l Schlagsahne abgenommen), 200 g Zucker, 2 Esslöffeln Zitronensaft und 2 Packungen Bourbon-Vanillezucker in einer Metallschüssel im heißen Wasserbad mit einem Schneebesen zu einer dicklichen Masse aufschlagen. Die Schüssel aus dem Wasserbad nehmen und die Masse kalt schlagen. Die restliche Sahne steif schlagen und unter die Masse heben. 1–2 flache Formen mit etwas Speiselöl einstreichen, die Masse hineinfüllen und mit Frischhaltefolie zugedeckt mindestens 8 Stunden gefrieren lassen (am besten schon 1–2 Tage vorher vorbereiten).

3 Puderzucker in einer Pfanne hellbraun karamellisieren lassen. Wein hinzugeben und so lange kochen lassen, bis der Karamell gelöst ist. Die Hälfte der Brombeeren dazugeben und 2 Minuten darin ziehen lassen.

4 Brombeeren mit der Karamellsauce durch ein Sieb streichen. Die restlichen Brombeeren in die Sauce geben und zum Kochen bringen.

5 Orangen gründlich waschen, dünn (ohne die weiße Haut) schälen, die Schale in feine Streifen schneiden, mit kochendem Wasser übergießen und abtropfen lassen. 2 Teelöffel der Schale und Kirschwasser unter die Sauce rühren und die Sauce kalt stellen.

6 Eis auf 12 Dessertteller verteilen, je 2 Birnenhälften mit etwas Brombeersauce daraufgeben und mit der restlichen Orangenschale garnieren.

Tipp:
Die Birnen und die Brombeersauce können bereits am Vortag vorbereitet werden.

Obstsalat

Foto
Zubereitungszeit: 70 Min.

Pro Portion:
E: 3 g, F: 5 g, Kh: 26 g, kJ: 740, kcal: 177

- **4 mittelgroße Äpfel**
- **2 kleine Mangos**
- **4 Nektarinen**
- **3 mittelgroße Orangen**
- **4 Kiwis**
- **400 g Erdbeeren**
- **5 EL Zitronensaft**
- **5 EL Orangensaft oder Orangenlikör**
- **80 g Zucker**
- **100 g abgezogene, gehobelte Mandeln**

1 Äpfel schälen, vierteln und entkernen. Mangos schälen, halbieren und das Fruchtfleisch vom Stein lösen. Nektarinen waschen, abtrocknen, halbieren und entsteinen.

2 Orangen schälen und in Spalten teilen. Kiwis schälen. Das vorbereitete Obst in kleine Stücke oder Spalten schneiden. Erdbeeren waschen, gut abtropfen lassen, entstielen und in Stücke schneiden.

3 Das Obst mit Zitronensaft, Orangensaft oder Orangenlikör und Zucker vermengen und in eine Glasschale füllen.

4 Mandeln in einer Pfanne ohne Fett rösten und den Obstsalat damit bestreuen.

Tipps:
Dazu schmeckt Schlagsahne (nach Belieben mit Eierlikör abgeschmeckt) oder Vanillesauce. Die Zutaten für den Obstsalat können natürlich variieren und sollten der Saison angepasst sein.

Beereneis

Zubereitungszeit: 30 Min., ohne Gefrierzeit

Pro Portion:
E: 3 g, F: 18 g, Kh: 37 g, kJ: 1358, kcal: 324

- **300 g Zucker**
- **gut 200 ml Milch**
- **3 Becher (je 125 g) Crème double**
- **450 g Waldfrucht-Sahnejoghurt**
- **500 g gemischtes Beerenobst, z. B. Johannisbeeren, Brombeeren, Himbeeren**

1 Zucker mit Milch unter Rühren in einem Topf kurz aufkochen. Die Milch etwas abkühlen lassen, dann Crème double und Sahnejoghurt unterrühren.

2 Beeren verlesen, evtl. waschen, putzen und pürieren. Das Beerenpüree durch ein feines Sieb streichen und vorsichtig unter die Crememasse rühren. Die Masse in eine flache, mit Frischhaltefolie ausgelegte Form füllen und für etwa 4 Stunden in das Gefrierfach stellen.

3 Das Beereneis aus der Form stürzen, die Folie abziehen und das Eis in Scheiben schneiden.

Beigabe:
Leicht angeschlagene Schlagsahne und einige Beerenfrüchte.

Tipp:
Statt Crème double 400 ml angeschlagene Schlagsahne verwenden.

Mokka-Parfait

Foto
Zubereitungszeit: 30 Min., ohne Abkühl- und Gefrierzeit

Pro Portion:
E: 7 g, F: 24 g, Kh: 20 g, kJ: 1394, kcal: 333

- **8 Eigelb (Größe M)**
- **200 g Zucker**
- **2–3 EL Instant-Kaffee**
- **2 EL heißes Wasser**
- **750 ml (¾ l) Schlagsahne**
- **2 Pck. Vanillin-Zucker**
- **etwas Kakaopulver**

1 Eigelb mit Zucker in einer Schüssel im heißen Wasserbad mit Handrührgerät mit Rührbesen etwa 8 Minuten schaumig schlagen. Kaffee in Wasser auflösen und unterrühren. Die Masse erkalten lassen, dabei ab und zu durchschlagen.

2 Sahne mit Vanillin-Zucker steif schlagen (4 Esslöffel zum Verzieren in einen Spritzbeutel mit gezackter Tülle füllen) und unter die Eigelbmasse ziehen.

3 Die Masse in eine mit Frischhaltefolie ausgelegte Form füllen und im Gefrierfach in 3–4 Stunden gefrieren lassen.

4 Das Mokka-Parfait aus der Form stürzen, die Folie abziehen, das Parfait in Scheiben schneiden, mit der zurückgelassenen Sahne und Kakaopulver verzieren.

Tipps:
Statt eines Mokka-Parfaits kann auch ein Zimt- oder Vanille-Parfait zubereitet werden: Für Zimt-Parfait 1–2 Esslöffel gemahlenen Zimt statt des Instant-Kaffees nehmen, für Vanille-Parfait das Mark von 2 Vanilleschoten.

Eisauflauf

Zubereitungszeit: 25 Min., ohne Gefrier- und Antauzeit

Pro Portion:
E: 11 g, F: 48 g, Kh: 48 g, kJ: 3046, kcal: 728

- **5 Blatt weiße Gelatine**
- **5 ganze Eier**
- **5 Eigelb**
- **400 g Zucker**
- **250 ml (¼ l) Grand Manier**
- **250 g grob gehackte Walnusskerne**
- **1½ l Schlagsahne**
- **Kakaopulver**
- **Puderzucker**

1 Gelatine in reichlich kaltem Wasser nach Packungsanleitung einweichen.

2 Eier und Eigelb mit Zucker im warmen Wasserbad etwa 10 Minuten schlagen, bis eine cremige Masse entsteht. Dann die Masse etwa 3 Minuten wieder kalt schlagen.

3 Die Gelatine leicht ausdrücken, auflösen und unter die Masse rühren. Nach und nach den Grand Manier unterrühren und dann die Walnusskerne unterheben.

4 Sahne steif schlagen und unter die Masse ziehen, dann die Masse in eine große und oder 2 kleine Auflaufformen füllen, mit Frischhaltefolie zudecken und 6–8 Stunden im Gefrierfrach gefrieren lassen.

5 Das Eis etwa 30 Minuten vor dem Servieren aus dem Gefrierfach nehmen und antauen lassen. Den Eisauflauf direkt vor dem Servieren mit Kakao und Puderzucker bestäuben.

Bratäpfel mit Rumsauce

Zubereitungszeit: 95 Min.

Pro Portion:
E: 6 g, F: 31 g, Kh: 48 g, kJ: 2323, kcal: 554

Für die Rumsauce:
- **500 ml (½ l) Milch**
- **500 ml (½ l) Schlagsahne**
- **200 g Zucker**
- **5 Eigelb (Größe M)**
- **25 g Speisestärke**
- **125 ml (⅛ l) Rum**
- **200 ml geschlagene Schlagsahne**

- **12 Äpfel, z.B. Boskop**
- **200 g Marzipan-Rohmasse**
- **80 g Rosinen**
- **6 EL Calvados**
- **1 gestr. TL gemahlener Zimt**
- **50 g Zucker**
- **50 g Butter**
- **200 ml Apfelsaft**

1 Für die Sauce Milch mit der Hälfte der Sahne und dem Zucker zum Kochen bringen. Eigelb mit der restlichen Sahne und Speisestärke verrühren und zu dem Milch-Sahne-Gemisch geben, unter ständigem Rühren zum Kochen bringen und kurz aufkochen lassen. Den Rum unterrühren und mit Frischhaltefolie zudecken. Die Sauce erkalten lassen.

2 Äpfel waschen, mit einem Apfelausstecher das Kerngehäuse ausstechen, die Äpfel müssen ganz bleiben.

3 Marzipan, Rosinen, Calvados und etwas Zimt verkneten und in die ausgehöhlten Äpfel füllen.

Abwandlung:
Die Äpfel mit 250 g Preiselbeeren (aus dem Glas) füllen und 120 g Butter in Flöckchen auf den Äpfeln verteilen. Für eine schnelle Sauce 500 ml (½ l) Schlagsahne mit 250 ml (¼ l) Milch und 250 ml (¼ l) Apfelsaft in eine Rührschüssel geben, 1 Päckchen Galetta (für 500 ml Flüssigkeit) hinzufügen, nach Packungsanleitung aufschlagen und zu den Bratäpfeln servieren.

4 Zucker, Butter, Zimt und den Apfelsaft in eine große Auflaufform geben (oder eine Fettfangschale) und die gefüllten Äpfel hineinsetzen. Die Form auf dem Rost (oder die Fettfangschale) in den Backofen schieben.

Ober-/Unterhitze: etwa 180 °C (vorgeheizt)
Heißluft: etwa 160 °C (nicht vorgeheizt)
Gas: Stufe 3–4 (vorgeheizt)
Backzeit: 30–45 Min., je nach Apfelsorte.

5 Ab und zu die Äpfel mit dem Sud begießen.

6 Die Sauce vor dem Servieren nochmals schaumig rühren und die geschlagene Sahne unterheben. Je einen Apfel auf die Mitte eines Tellers setzen und mit etwas Rumsauce begießen.

Tipp:
Zu den Bratäpfeln kann auch Vanillesauce oder -eis gereicht werden.

Die Rezepte sind, soweit nicht anders vermerkt, für **12 Portionen** berechnet. Dabei ist es so gedacht, dass es zu einem Hauptgericht auch noch eine Beilage gibt oder die Suppe nur ein Bestandteil des Essens ist. Wollen Sie nur Suppe anbieten, reicht es nicht unbedingt für 12 Portionen. Der Party-Reistopf ist zwar schon mehr ein Hauptgericht, aber nach einer Gazpacho hätten Ihre Gäste bestimmt noch Hunger. Um die Mengen allgemein kalkulieren zu können, ist die nebenstehende Tabelle als Hilfe gedacht.

Ein **Termin- und Arbeitsplan** kann die Arbeit erleichtern. Je aufwändiger die Einladung und je größer der Rahmen ist, desto genauer sollten Sie planen – allein schon, um selbst einen kühlen Kopf bewahren zu können. Stellen Sie einen Zeitplan auf und tragen Sie alles, was an Vorbereitungen nötig ist, in Ihren Zeitplan ein. Zum Beispiel: Einladung, Hilfe beim Vorbereiten, Lebensmittel- und Getränkeeinkauf, Geschirr, Tischdekorationen, Blumen, Kochvorbereitungen usw.

Sobald die Anzahl der Gäste feststeht, sollten Sie die **Auswahl der Rezepte** vornehmen. Dann können Sie nämlich auch in Ihrem Arbeitsplan konkret festhalten, welche Speisen schon 1–2 Tage vorher zubereitet werden können und welcher Arbeitsaufwand noch für den Tag der Party bleibt. Je größer die Runde ist, desto mehr sollten Sie schon im Vorfeld vorbereiten, meist fällt am Tag der Party noch genug Arbeit an. Außerdem wollen Sie ja auch Spaß an Ihrer Party haben und nicht erschöpft auf ein baldiges Ende der Feier hoffen!
Viele der Rezepte lassen sich schon sehr weit vorbereiten und müssen dann kurz vor dem Verzehr nur noch erwärmt werden oder können im Backofen bei 50–70 °C warm gehalten werden. Bei den Rezepten ist oft vermerkt, bis zu welchem Arbeitsschritt vorgearbeitet werden kann. Die vorbereiteten Speisen müssen unbedingt zugedeckt und gut gekühlt aufbewahrt werden, damit es, besonders im Sommer, keine bösen Überraschungen gibt.
Bei der Auswahl der Rezepte sollten Sie auch überschlagen, ob Sie ausreichend Backbleche oder Auflaufformen zur Verfügung haben. Gegebenenfalls welche ausleihen oder auf eine andere Rezeptauswahl ausweichen.
Wichtig: Wenn mehrere kleinere Auflaufformen verwendet werden, verkürzt sich auch die Garzeit.
Bei der Auswahl des Desserts sollte auch überlegt werden, wie viel Arbeit für die Speisen vorher anfällt. Wenn für das Hauptgericht beispielsweise noch viel zu tun ist, sollte eher ein Dessert gewählt werden, das am Vortag fertig zubereitet werden kann, und nicht gerade die Bratäpfel.

Beilagen wie beispielsweise die überbackenen Broccolinudeln oder die Spaghettinester können nicht allzu lange vorher zubereitet werden, da die Nudeln nachgaren und zu weich werden. Besser ist es, zwei Auflaufformen zu nehmen und diese nacheinander in den Backofen zu schieben. So haben Sie immer frisch zubereitete Beilagen.

Zwei Auflaufformen können im Heißluftherd auf zwei Rosten gleichzeitig gegart werden. Wer keinen Heißluftherd hat, kann die Aufläufe nacheinander schon zur Hälfte der **Garzeit** vorgaren (außer bei Nudelgerichten), so dass sich die Garzeit bei der Feier um die Hälfte verkürzt. In sehr vielen Rezepten wird statt Auflaufformen eine Fettfangschale verwendet. Sie ist tiefer als ein Backblech und ist deshalb für große Mengen sehr praktisch. Wer keine Fettfangschale haben sollte, muss sich dann mit mehreren Auflaufformen behelfen. Auf jeden Fall darf die Fettfangschale nicht durch ein Backblech ersetzt werden, da sonst die Masse überlaufen könnte. Wer einen quadratischen Backrahmen hat, kann diesen aber auch um den inneren Backblechrand stellen und somit größere Mengen auf dem Backblech zubereiten.

Falls Ihnen **Reste** bleiben sollten und Sie am nächsten Tag nicht schon wieder Appetit auf die Speisen haben sollten, können Sie die meisten Gerichte einfrieren (je nach Menge vielleicht auch portionsweise). Bleibt z.B. etwas von der Spaghetti- oder Hackfleischpizza übrig, diese abgekühlt in eine Auflaufform geben und zugedeckt einfrieren. Vor dem nächsten Verzehr etwas antauen lassen, dann auf dem Rost in den kalten Backofen schieben und bei mittlerer Hitze aufbacken.

Saucen, wie die Sauce Tatare oder die Tomaten-Pfeffer-Sauce, können schon einige Tage vorher zubereitet und in Schraubgläsern aufbewahrt werden. Allerdings sollten frische Zwiebeln besser erst kurz vor dem Servieren hinzugefügt werden, da sie sonst oxidieren. Knoblauch dagegen konserviert.

Die **Getränkewahl** richtet sich nach den ausgewählten Speisen und natürlich dem Geschmack Ihrer Gäste: So bieten sich für italienische Gerichte auch italienischer Weiß- und/oder Rotwein oder Prosecco an. Dabei ist – bis auf Rotwein – zu bedenken, dass die Getränke gut gekühlt werden müssen. Eine Hilfe können in Supermärkten erhältliche Kühlmanschetten sein, die im Gefrierschrank aufbewahrt werden und in 5–10 Minuten eine 0,75 l Sektflasche auf Trinktemperatur bringen und bereits gekühlte Getränke lange Zeit kühl halten. Aber auch Biertrinker sollten zu ihrem Recht kommen, und natürlich müssen auch antialkoholische Getränke genügend vorhanden sein. Getränkemärkte vergeben Getränke übrigens auch in Kommission. So können Sie auf jeden Fall genug Getränke im Haus haben, und es bleiben Ihnen keine großen Reste.

Mengenangaben

Durchschnittliche Mengen für 1 Portion

Suppe	
als Vorspeise	150–200 ml
als Hauptgericht	500 ml
Blattsalat (Einkaufsgewicht)	
als Vorspeise oder Beilage	40–50 g
Fisch	
ganze Fische	300 g
Filets	150–200 g
Fleisch und Geflügel	
mit Knochen	250 g
ohne Knochen	150–200 g
Hackfleisch	125 g
Gemüse (Einkaufsgewicht)	
als Beilage	250 g
als Hauptgericht	400 g
Nudeln und Reis (roh gewogen)	
als Beilage	50–75 g
als Hauptgericht	100–125 g
Kartoffeln (Einkaufsgewicht)	
als Beilage	200 g
als Hauptgericht	350–400 g
Dessert	150 g
Brot als Beilage	100–150 g

Durchschnittliche Mengen für 20 Portionen (Buffet)

Kleine Häppchen	100 Stück
Suppe	4 l
Salat aus Nudeln, Reis, Kartoffeln	2 kg
Fleisch, Geflügel, Fisch	3 kg
Brot	$3^1/_2$ kg
Käse	$2^1/_2$ kg
Dessert (Obstsalat oder Creme)	4 kg

Kapitelregister

Häppchen & Snacks

Alles aus einem Topf

Aus dem Ofen, auf den Tisch

Fleischspezialitäten

Aus der Salatschüssel

Beilagen, Saucen & Dips

Der süsse Abschluss

Alphabetisches Register

HEYNE-KOCHBUCH
07/2053

Hinweise: Bitte beachten Sie bei den Herden die Gebrauchsanweisung des Herstellers.

Wenn Sie Anregungen, Vorschläge oder Fragen haben, rufen Sie unter folgenden Nummern an:
(05 21) 155 25 80 oder (05 21) 52 06 58.
Oder schreiben Sie an:
Dr. Oetker Verlag KG, Redaktion,
Am Bach 11, 33602 Bielefeld

Wir danken für die freundliche Unterstützung: The food professionals, Sprockhövel
Ketchum Public Relations, München
Maggi Kochstudio, Frankfurt am Main

Redaktion: Andrea Konetzke

Titelfotos: Ulli Hartmann, Bielefeld

Innenfotos: Thomas Diercks, Hamburg
Ulli Hartmann, Bielefeld
Ulrich Kopp, Füssen
Kramp & Gölling, Hamburg
Hans-Joachim Schmidt, Hamburg
Norbert Toelle, Bielefeld
Brigitte Wegner, Bielefeld

Rezeptentwicklung und -beratung: Mechthild Plogmaker, Bielefeld

Grafisches Konzept: Björn Carstensen, Hamburg

Gestaltung: M•D•H Haselhorst, Bielefeld

Umschlaggestaltung: KonturDesign GmbH, Bielefeld

Reproduktionen: MOHN Media • Mohndruck GmbH, Gütersloh

Satz: Gramma GmbH, Germering

Druck und Bindung: Offizin Andersen Nexö, Leipzig

ISBN 3-453-86894-3